VRAI SYSTÈME DU MONDE.

Première Partie.

PETIT COURS D'ASTRONOMIE OU COURTE EXPOSITION DU SYSTÈME.
INCOHÉRENCES COPERNICIENNES.
POLÉMIQUE AVEC L'ACADÉMIE DES SCIENCES.
SUR L'UNITÉ MATHÉMATIQUE, L'EXTRACTION DES RACINES
ET L'ÉLÉVATION AUX PUISSANCES.

Deuxième Partie.

ATTRACTION. LOIS DE LA MÉCANIQUE CÉLESTE.
PHÉNOMÈNES MAGNÉTIQUES.
MÉTHODE SIMPLIFIÉE POUR LE RELÈVEMENT DES LONGITUDES.
PREUVES TRIGONOMÉTRIQUES DE LA DISTANCE
ET DU DIAMÈTRE DE L'ÉTOILE POLAIRE, DU SOLEIL ET DE LA LUNE,
ERREURS DES CALCULS DE PARALLAXES.

PAR DEMONVILLE.

*Chaque partie, formant 1 vol. in-8° avec planches,
se vend séparément 4 fr.*

PARIS,

L'AUTEUR, RUE DES GRÉS, N° 20.

Librairie Grecque-Latine-Allemande-Anglaise
DE J. ALBERT MERKLEIN,
RUE DES BEAUX-ARTS, N° 11.

1837

A Sa Majesté

Frédéric-Guillaume III,

Roi de Prusse.

Sire,

L'étendue de vos connaissances, votre goût pour les sciences physiques, la perfection des méthodes d'enseignement dans votre royaume, suffiraient pleinement pour justifier mon ardent désir de vous voir agréer l'hommage de la deuxième partie du VRAI SYSTÈME DU MONDE[1]. *Cependant une autre cause m'a déterminé à vous l'offrir : il m'a paru qu'elle devait devenir ma seconde patrie la terre qui pouvait s'enorgueillir d'avoir*

[1] La première partie est dédiée depuis longtemps *in petto*. Les circonstances politiques n'ont pas permis de rendre publique cette dédicace. J'espère qu'elles ne tarderont pas à changer.

enfanté le génie qui, sans avoir connu les mystères de
la nature, en avait conçu de si belles hypothèses; car,
je l'avoue moi-même, la vérité de ma théorie l'emporte
seulement par sa simplicité merveilleuse, et l'hypothèse
copernicienne a pu se réaliser pour un autre monde, s'il a
ainsi convenu à l'ÊTRE du plus et du moins, au Créateur
du simple et du composé. J'ai pensé qu'il seyait à la
Terre des sciences de se soulever avec amour pour faire
fructifier mon œuvre; je me suis flatté que, nouvel Antée,
j'y puiserais un accroissement de forces, j'y trouverais
de puissants secours, tels que votre célèbre astronome se
serait fait un devoir d'en donner sans envie et sans
hésitation, si l'état de la science dans son siècle eût permis au plus petit de ses élèves de découvrir les secrets de
la mécanique céleste : et puisque les circonstances ne
permettent pas à la France de s'honorer de mon travail,
c'est à la Prusse, à son auguste Souverain, qu'il appartient, ce me semble, d'imposer de nouveau ses lois au
monde savant.

Je suis avec le plus profond respect,

SIRE,

De Votre Majesté,

Le très-humble et très-obéissant serviteur,
DEMONVILLE.

AVIS DE L'AUTEUR

Cette seconde partie du VRAI SYSTÈME DU MONDE se compose de différents mémoires soumis à l'Académie des Sciences. J'en ai obtenu des commissaires, mais point de rapport. J'ai beau mettre en avant principes sur principes, les plus contraires à ceux adoptés, et par conséquent faciles à combattre : personne ne veut s'en charger. M. Arago lui-même, dont la science est si générale, la logique si sûre ; M. Arago, que j'ai bravé témérairement par un défi, et qui, tout en pensant que ma théorie est fondée[1], pourrait, s'il le voulait, persuader à toute l'Académie que cette théorie est absurde ; M. Arago, mon commissaire-rapporteur, semble redouter d'aborder la question. Craindrait-il, s'il abusait de sa supériorité pour m'écraser, moi et ma science de rencontre, qu'il n'arrivât un jour où de plus savants que moi s'empareraient de mes aperçus et sauraient les prouver contre lui-même? En attendant, ni sollicitations ni tracasseries ne le font sortir de son impassibilité à cet égard, et à moins que je ne trouve

---

[1] J'ai de grandes obligations à M. Arago : sans sa *Théorie des interférences* je n'aurais pu établir les phases de la lune, et mon système manquait alors de sa base la plus essentielle.

à immoler quelque Patrocle, je n'ai pas le moindre espoir de tirer cet Achille de sa débonnaireté.

Plus heureux pour la première partie de mon ouvrage, j'ai enfin reçu une décision du Conseil d'Instruction publique. J'avais promis de la faire connaître; je la distribue gratuitement chez moi. Elle est l'œuvre de M. Poisson, cet illustre Savant, qui malheureusement ne sait pas douter : sa foi est entière, aveugle. Je respecte tout-à-fait sa crédulité pour Copernic, Newton, Laplace, et j'apprécie sa franchise comme celle de M. Bouvard [1]. Ce sont les seuls dans l'Académie qui jugent ma théorie *insoutenable* : M. Bouvard, par habitude et par affection à des idées qu'il a caressées près d'un siècle; M. Poisson, par monomanie mathématique, et n'étant pas homme à admettre aucune vérité nouvelle, s'il n'en peut dénicher l'esquisse dans un de ses axiômes d'algèbre. C'est un parti pris, arrêté pour toujours, ceci le regarde; mais sous combien d'erreurs ne s'efforcera-t-il pas de nous étouffer en vidant son magasin de *formules!* Je m'en rapporte à ceux qui connaissent sa *Théorie mathématique de la chaleur.* M. Poisson est un grand mathématicien.... Celui qui ne sait pas douter ne sera jamais qu'un pauvre physicien.

---

[1] Il est chargé du rapport de ma *Méthode simplifiée pour le relèvement des longitudes,* et de mon mémoire sur l'*Accord des nœuds de l'équateur magnétique avec l'année de la création, le déluge en 1656, et la rotation insensible de la terre en 2544 ans.* Je ne lui en parle plus; car je l'aime, et c'est lui tourner un poignard dans le cœur que de lui demander un rapport.

VRAI
SYSTÈME DU MONDE.

Deuxième Partie.

I.

GRAVITATION ET ATTRACTION (1).

On appelle *gravitation* le mouvement qui porte les astres les uns sur les autres, et les fait circuler proportionnellement à leur masse et à leur distance ; ce mouvement est dû à l'attraction, vertu inhérente dans tous les corps, et par laquelle ils tendent à se rapprocher progressivement. La gravitation est l'effet, l'attraction en est la cause, mais cause inconnue. Ainsi tous les astres s'attirent entre eux, pèsent les uns sur les autres ; et le plus petit gravite autour d'un plus grand, c'est-à-dire circule autour

---

(1) Je place ici, comme introduction à la mécanique céleste, ce chapitre qui ne présente, pour ainsi dire, rien de neuf, mais qui fait partie du nouveau cours que je me propose de donner en douze leçons.

d'un plus grand, parce qu'il est plus fortement attiré qu'il n'attire lui-même.

Ce ne sont pas seulement les corps célestes qui gravitent mutuellement les uns vers les autres : Newton a prétendu avec raison que toutes les parties de la matière ont cette propriété réciproque les unes par rapport aux autres, et c'est ce qu'il nomme la gravitation universelle, ou l'attraction universelle.

On entend donc par gravité ou attraction, une propriété universelle de la matière, une force par laquelle un corps quelconque tend vers un autre, pèse sur un autre : et c'est en ce sens que les corps sont appelés *graves*, pesans. Ainsi la gravité, l'attraction ou la pesanteur sont même chose : mais pesanteur ne se dit jamais que de la force particulière qui fait que les corps terrestres tendent vers la terre.

Voici les preuves que l'on donne de la gravité universelle.

C'est chose reconnue que tout mouvement est naturellement rectiligne, suit une ligne droite, de sorte que les corps qui, dans leurs mouvemens, décrivent des lignes courbes, y doivent être forcés par quelque puissance qui agit sur eux continuellement : d'où il s'ensuit que les planètes faisant leur révolution dans des orbites curvilignes, dans des cercles, il y a quelque puissance dont l'action continuelle et constante les empêche de se déplacer de leur orbite et de décrire des lignes droites.

Kepler est le premier qui ait attribué à tous les corps une vertu attractive ; mais cette vertu ayant été regardée comme une qualité occulte, mystérieuse, Descartes, qui n'en voulait reconnaître aucune, l'avait entièrement bannie de la physique. On l'en croyait rejetée pour toujours, lorsque Newton l'a rétablie d'une façon nouvelle, et armée, comme dit Fontenelle dans l'éloge de ce grand homme, d'une force dont on ne la croyait pas capable.

C'est de l'exacte observation des phénomènes que Newton a déduit le principe et les lois de l'attraction. Les corps se portent ou tendent à se porter les uns vers les autres par une puissance inconnue : voilà le principe. Le fait est constant pour les planètes, nous l'avons vu plus haut. Il ne l'est pas moins pour les corps terrestres, simples ou élémentaires, qui sont homogènes, c'est-à-dire de même nature : ainsi, deux boules de mercure s'unissent et s'incorporent dès qu'elles viennent à se toucher, et il en est de même de deux gouttes d'eau. Mais je ne saurais trop insister sur ce point : pour s'attirer régulièrement, il faut que les corps soient homogènes, de même nature, et qu'ils soient simples ou élémentaires. J'appelle *simples* les corps dont les parties constituantes, composantes, ne sont pas connues, tels que l'oxygène, l'azote, l'hydrogène, etc.; j'appelle *élémentaires* les corps dont la composition est connue, mais qu'on ne peut former à volonté, tels que l'eau, l'air, etc. Néanmoins je n'entends pas dire que les corps composés de parties élémentaires différentes entre elles ne puissent attirer d'autres corps différemment composés et n'en puissent être attirés; je dis seulement que cette attraction n'a lieu qu'autant que les uns et les autres se trouveront contenir quelques parties constituantes semblables, quelques molécules semblables : et ce sont ces molécules semblables qui, tendant les unes vers les autres, feront effort pour joindre les deux différens corps qui les contiennent, si d'autres attractions ne les sollicitent avec plus de force dans un sens opposé. Ainsi l'aimant attirera l'aiguille qui. se trouve près de lui; notre globe, composé général de tous les élémens, attirera tous les corps environnans qui sembleront tomber sur lui par leur seule pesanteur, mais qui réellement suivront en cela la loi de l'attraction, et se porteront par conséquent avec plus ou moins de vitesse vers le noyau terrestre, suivant qu'ils seront plus ou moins composés de parties so-

lides, compactes; ou seront plus ou moins re-
tenus dans l'atmosphère composée de gaz, c'est-
à-dire de vapeurs légères, suivant qu'ils con-
tiendront plus ou moins de ces gaz, de ces
vapeurs : comme nous voyons les ballons en-
flés d'hydrogène s'élever dans les airs et ne re-
tomber que peu à peu, au fur et à mesure
qu'on le leur fait perdre. C'est aussi par attraction qu'un gaz trop comprimé parvient à briser
l'enveloppe qui le renferme pour se joindre au
gaz homogène qui le sollicite, et il arrive par
là même que les corps composés qui contiennent quelques molécules de gaz se les voient
souvent enlever par l'air ambiant, notre atmosphère étant le réservoir général de tous les gaz,
et ayant une action proportionnelle à sa masse;
d'où l'on voit que l'air est le grand agent de
décomposition de tous les corps, qui contiennent tous plus ou moins de gaz, puisqu'ils sont
plus ou moins poreux.

Newton ayant observé ensuite que la puissance attractive agit plus ou moins fortement,
selon la masse des corps et la distance plus ou
moins grande à laquelle ces corps se trouvent
placés les uns des autres, en a déduit les lois de
l'attraction. Il a démontré qu'un corps dont la
masse est double, attire un autre corps dont la
masse est simple, deux fois autant qu'il en est

attiré; qu'il l'attirerait trois fois autant si la masse était triple, quatre fois autant si la masse était quadruple, etc. Il a établi pareillement qu'un corps en attire un autre qui est à 2 pieds de distance, quatre fois moins que s'il n'en était qu'à un pied; qu'il l'attirerait neuf fois moins s'il en était à 3 pieds, seize fois moins s'il en était à 4 pieds, vingt-cinq fois moins s'il en était à 5 pieds; d'où il a conclu que tous les corps s'attirent mutuellement *en raison directe des masses, et en raison inverse du carré des distances.*

L'on regarde assez généralement la vertu attractive comme la cause de tous les phénomènes de la cohésion, c'est-à-dire de la résistance qu'opposent à leur désunion les parties unies, de la pesanteur, de la chute des corps, de la réfraction de la lumière, de l'ascension des liqueurs dans les tuyaux capillaires, de la pénétration des acides dans les alcalis.

Cependant quelques physiciens soutiennent que l'action d'un corps dépend de son mouvement, qu'un corps sans mouvement ne peut pas agir, et que deux corps éloignés et en repos ne doivent pas s'attirer réciproquement. En conséquence ils ont uni l'impulsion à l'attraction, et ont compliqué la théorie de la gravitation des astres, d'une force projectile qui, loin d'être nécessaire, détruit l'attraction sans pouvoir la remplacer, tandis que la gravité ou l'attraction universelle, bien comprise, suffit pour mettre les astres en mouvement et régulariser leur marche.

Cette première erreur en a introduit d'autres. On a divisé l'attraction en plusieurs espèces. L'une, a-t-on dit, s'étend à une distance sensible : telles sont l'attraction de la pesanteur qui s'observe dans tous les corps, et l'attraction du magnétisme, de l'électricité qui n'a lieu que dans certains corps particuliers. L'autre espèce ne s'étend qu'à des distances insensibles : telle est l'attraction mutuelle qu'on remarque dans les petites parties dont les corps sont composés ; car ces parties s'attirent les unes les autres au point de contact, ou extrêmement près de ce point avec une force très-supérieure à celle de la pesanteur, mais qui décroît ensuite à une très-petite distance, jusqu'à devenir beaucoup moindre que la pesanteur. C'est là ce qu'on appelle attraction de cohésion, parce qu'elle unit avec une très-grande force les particules élémentaires des corps pour en faire des masses sensibles. Peu importe que cette force soit appelée attraction de cohésion ou de pesanteur, pourvu qu'on ne reconnaisse qu'une seule et même loi d'attraction en raison directe des masses et en raison inverse du carré des distances. En effet, que deux petites boules de mercure en contact s'incorporent soudainement avec une force supérieure à celle de la pesanteur, cela doit être, puisqu'une fois la communication établie entre les deux boules, il n'y a plus de distance entre elles; et qu'ensuite à une très-petite distance cette force décroisse jusqu'à devenir beaucoup moindre que la pesanteur, c'est ce que fera comprendre une courte explication.

Le mercure n'est pas un corps simple, mais un corps élémentaire qui a diverses parties constituantes. Ces parties constituantes ont des homogènes en grande abondance dans l'atmosphère, dans la terre. D'un côté la masse énorme des homogènes de l'air attire ces parties constituantes avec une puissance incalculable, tandis que d'un autre côté la masse des homogènes de la terre attire les autres parties constituantes avec une force pareille. Les deux boules tiraillées de tous les sens ne peuvent donc plus s'attirer mutuellement d'une manière efficace. Il en est de même de deux gouttes d'eau qui ne peuvent s'incorporer que par contact, parce que l'eau n'est pas un corps simple, et a une molécule constituante homogène avec l'air, qui, environnant de tous côtés les deux gouttes, doit balancer et surpasser leur attraction mutuelle, si petite que soit la distance qui les sépare. De même encore, quand un aimant attire une aiguille, c'est en vertu du fluide électrique ou lumineux que l'un et l'autre contiennent; mais l'air en contient aussi, et si l'aimant et l'aiguille sont à trop grande distance, la masse du fluide électrique de l'air est bien autrement puissante que celle de l'aimant pour retenir l'aiguille au milieu de l'atmosphère qui l'entoure.

Donc, si l'attraction ne paraît sensible, pour quelques corps terrestres, qu'à petites distances, et semble varier d'intensité, de puissance, c'est que l'on ne calcule pas assez la masse de leurs molécules constituantes proportionnellement à la masse des molécules homogènes des corps environnans. Mais la loi est une et générale pour les corps simples et pour les particules élémentaires des corps composés. Les planètes sont soumises à cette même loi générale. Croire que la Terre et la Lune s'attirent en raison de leur masse respective, c'est une grande erreur. Il faudrait, pour cela, que toutes deux fussent composées des mêmes élémens et dans la même proportion. Les deux astres ne s'attirent réellement qu'en raison de leurs parties élémentaires homogènes. Ainsi, supposant la Lune composée, par égale moitié, d'azote et d'oxygène, la Terre et la Lune s'attireront en raison de leur masse respective d'azote, comme la Terre et le Soleil, que je suppose un foyer d'oxygène, s'attireront en raison de leur masse respective d'oxygène, et alors le Soleil et la Lune s'attireront pareillement, soit en vertu de leur oxygène ou de toute autre molécule homogène, de sorte que la Lune se trouvera retenue entre le Soleil et la Terre par deux attractions différentes. Ainsi s'exerce la gravitation des corps célestes; s'ils n'avaient qu'une seule attraction mutuelle en raison de leur masse, le plus petit tomberait sur le plus grand : mais l'attraction se partageant de plusieurs côtés, selon la différence de leurs parties élémentaires, ils ont les moyens de se tracer une orbite régulière. Tous les théorèmes donnés par Newton, Keill et Friend, sur l'attraction, se réduisent donc à cette seule et unique loi générale :

Les corps simples homogènes s'attirent mutuellement en raison directe de leur masse et en raison inverse du carré de leur distance. Les parties constituantes des corps élémentaires, les molécules élémentaires des corps composés suivent la même loi; et si cette loi semble varier, cela vient de ce que nous ne comparons pas la masse des molécules élémentaires qu'ils contiennent avec la masse des molécules homogènes des corps environnans, tels que l'air, etc.

Les trombes nous offrent sur mer un effet imposant de l'attraction. On appelle ainsi un amas de vapeurs ressemblant à une grosse nuée fort épaisse, qui s'allonge de haut en bas et de bas en haut en forme de colonne cylindrique ou de cône renversé, qui fait entendre un bruit assez semblable à celui d'une mer fortement agitée, qui jette souvent autour d'elle beaucoup de pluie ou de grèle, et qui est capable de submerger les vaisseaux, de renverser les arbres, les maisons, et tout ce qui se trouve exposé à son choc. Les trombes sont rares sur terre, mais assez fréquentes sur mer. Comme elles y font courir de très-grands risques, les marins, qui connaissent ce danger, font tous leurs efforts pour s'en éloigner, et, lorsqu'ils ne peuvent pas éviter de s'en approcher, ils tâchent de les rompre à coups de canon, avant que d'arriver dessous, afin de prévenir l'inondation dont ils sont menacés. La trombe ne vient pas toujours du nuage ; elle s'élève quelquefois de la surface des eaux vers le nuage. Telle fut la trombe observée au mois de l'année 1741, à sept heures du matin, sur le lac de Genève.

« C'était une colonne dont la partie supérieure aboutissait à un nuage assez noir, et dont la partie inférieure, qui était plus étroite, se terminait un peu au-dessus de l'eau. Ce météore fut observé pendant deux ou trois minutes; après quoi, il se dissipa : mais on aperçut aussitôt une vapeur épaisse qui montait de l'endroit sur lequel il avait paru, et là même les eaux du lac bouillonnaient et semblaient faire effort pour s'élever. »

Il y a des trombes descendantes et des trombes ascendantes; mais toutes deux sont l'effet d'une seule et même attraction. L'eau contient en grande surabondance le principe électrique ou lumineux. Dans les temps d'orage, on voit les vagues toutes phosphorescentes; d'un autre côté, l'atmosphère est le bassin général où confluent toutes les électricités du globe. Lorsqu'un nuage fortement électrisé se présente à une distance convenable de la terre, il s'établit aussitôt entre le nuage et les corps qui sont à la surface de la terre une attraction mutuelle. Si la masse attractive du nuage est inférieure à celle des corps terrestres qui l'attirent, comme sur mer, dont la masse est sensiblement plus forte que celle d'un nuage quel qu'il soit, les particules de vapeurs qui composent le nuage sont entraînées par cette attraction, et forment la colonne cylindrique ou conique de la trombe descendante, qui a plus ou moins de diamètre, et qui se porte plus ou moins loin, suivant le degré d'énergie de la vertu électrique du nuage. Si, au contraire, un amas d'eau, circonscrit comme un lac, est en présence d'un nuage de grande étendue, la masse attractive de ce dernier doit être supérieure ; attirant avec plus de force qu'il n'est attiré, il soulève une quantité de particules aqueuses assez considérable pour former une colonne, que l'on voit s'élancer vers le nuage, et former ainsi une trombe ascendante.

L'expérience est ici d'accord avec le raisonnement. On remplit d'eau un petit vase de métal, un dé à coudre, et on lui présente à quelques pouces de distance un tube nouvellement frotté. Aussitôt l'eau du vase s'élève en forme de petit monticule, qui se soutient jusqu'à ce qu'il en parte une étincelle, après quoi elle retombe. Pendant que l'eau reste ainsi suspendue, on entend un petit bruissement, et le côté du tube qui est tourné vers le vase se trouve tout couvert de petites parcelles d'eau. Cette expérience est connue depuis bien des années. Pour qu'elle réussisse bien, il faut que le temps soit favorable, et l'électricité un peu forte. Elle donne en petit l'image d'une trombe descendante. Pour avoir l'image d'une trombe ascendante, il faudrait que le corps électrisé, présenté au-dessus du vase plein d'eau, fût composé de particules mobiles entre elles.

En annonçant que les corps s'attirent mutuellement, Newton n'a pas déclaré d'une manière positive qu'il y eût une puissance résidante dans les corps par laquelle ils agissent les uns sur les autres, et comme hors d'eux-mêmes. Il s'est seulement servi du terme d'attraction pour annoncer un fait dont la cause est inconnue. Rien n'empêche cependant d'admettre que la vertu attractive soit une puissance interne et inhérente dans tous les corps, puissance primordialement établie par la seule volonté du Créateur, qui aura bien su se réserver les moyens de la modifier autant de fois qu'il le jugerait convenable.

Sans vouloir nous lancer ici dans une question métaphysique de trop haute portée, nous croyons pouvoir faire comprendre que la loi elle-même est la permanence de la volonté divine, qui trouve constamment dans la loi même tous les moyens de modification. En effet, nous avons établi avec instance, que l'attraction allait toujours progressivement des corps composés aux corps élémentaires, de ceux-ci aux corps simples, parce que plus un corps est simple, plus il est répandu, et plus sa masse est grande. Par exemple, l'air, plus élémentaire que l'eau, a une masse qui lui est supérieure, et il la décompose par la puissance attractive qu'il exerce sur ses parties constituantes homogènes. L'éther ou fluide lumineux, répandu dans l'espace, a une masse bien supérieure à notre atmosphère, et peut y apporter toutes sortes de modifications par sa puissance attractive sur son homogène qu'il y trouve. Quoique l'éther soit ce qu'il y ait réellement de plus simple et de plus étendu relativement à nos connaissances, et que nous soyons fondés en conséquence à lui attribuer la plus grande puissance attractive ou de décomposition sur les autres élémens, nous avons néanmoins l'idée de quelque chose de plus étendu, de plus simple : c'est l'espace même, qui devra donc avoir la suprématie sur toutes les autres attractions, si la loi est une et générale ; et nous arriverons ainsi de l'indéfini à l'infini jusqu'à l'essence divine, qui, étant partout, quoique spirituellement et indivisément, conserve dans l'ordre physique toutes choses par sa présence, et décompose tout ou détruit tout, en se retirant sur soi-même par sa pensée. La loi générale de l'attraction n'ôte donc rien à l'omnipotence de Dieu à tous les instans.

Dans l'ordre spirituel, nous apercevons pour ainsi dire l'image de la même loi. Pourquoi

Jésus-Christ nous a-t-il assuré qu'avec la foi nous transporterions des montagnes ? C'est qu'on ne peut avoir la foi sans la présence de Dieu, et qu'alors, selon que notre foi est vive et pure, nous nous emparons de la puissance de Dieu ; et qu'alors c'est lui-même qui commande en nous aux élémens avec plus ou moins de force, selon la ferveur de notre foi, selon la pureté de nos vœux. Qu'est-ce, en effet, que la prière qui s'élève vers le Ciel et la grâce qui nous prévient sans cesse, sinon l'amour que Dieu nous a donné pour lui, sinon l'amour qu'il a pour nous, amour qui nous appelle à lui comme il l'appelle à nous ? Ah ! qu'il a bien rendu cette vérité le pauvre Vicaire du Wiltshire, qui dans sa détresse absolue se jette à genoux devant le Seigneur, et se relève bientôt après pour noter sur ses tablettes du jour : Tout en priant, je me suis senti l'âme fortifiée et réjouie ; oui, assurément, *un mot à Dieu est toujours un mot de Dieu !*

———

II.

Les lois de la Mécanique sont contraires à toute force centrale de gravité, établissent la division de la gravité à la superficie des corps sphériques ou aux extrémités des axes, et frappent d'inadmissibilité la force projectile (1).

On prétend que les lois de la Mécanique repoussent la division de la gravité aux deux pôles : mais 1° ces lois sont renversées par les preuves mathématiques données précédem-

---

(1) Dans une réponse au rapport de M. Bouvard sur ma *Question de longitude,* je disais que M. Becquerel, un des commissaires nommés par l'Académie pour l'examen de ce Mémoire, « avec cette attention curieuse que mérite « toute théorie nouvelle, avec ce doute qui caractérise le « vrai Savant, dont la devise doit être la parole de So- « crate : *Je sais que je ne sais rien ;* avec cette patience et « cette condescendance de l'homme modeste, qui relève « si haut sa supériorité aux yeux de l'adepte, a bien « voulu tantôt abonder dans mon sens, afin de m'enga- « ger à mieux développer mes pensées, tantôt me décla- « rer franchement que l'Académie ne permettrait jamais « l'examen d'un Mémoire qui tendait à établir l'oscilla- « tion des deux pôles, et la division de la gravité ou force « centripète vers ces deux pôles, propositions repous- « sées par les lois de la gravitation qu'elle reconnaît

ment, que la distance du Soleil et de la Lune, relativement à la Terre, est dans le rapport de 6 à 1, ce qui met le Soleil à 1500 lieues au lieu de 34 millions, et réduit son volume à la huitième partie de la Terre ; 2° comment, en Mécanique, peut-on oser soutenir que les résultantes de deux forces qui se balancent dans un globe se trouvent au même point? que la force de gravitation ou d'attraction qui porte la Terre vers le Soleil, est au milieu de l'axe de l'équateur, et que la force tangentielle qui lui est égale et contraire est au même point? Si les résultantes des deux forces contraires sont au même point, elles y arrivent par le même chemin, donc il n'y

---

« inattaquables ; qu'ainsi, M. Becquerel, sans nier particu-
« lièrement que tous les phénomènes de l'aiguille aiman-
« tée concordent avec la division de la gravité aux deux
« pôles et leur oscillation, s'est vu forcé, comme Acadé-
« micien, de déclarer, après la lecture de M. Bouvard,
« que mon Mémoire reposant sur les mêmes bases, il
« n'y avait pas lieu à en faire de rapport. »

Je dois ajouter à ces expressions de profonde vénération pour le savoir et les hautes qualités de M. Becquerel, que les développemens nombreux ajoutés à mon Mémoire depuis sa présentation à l'Académie, m'ont été suggérés par les observations qu'il m'a faites, par les discussions instructives dans lesquelles il a bien voulu entrer avec moi, au moment même où je le dérangeais des travaux les plus importans.

a qu'une force au lieu de deux; donc votre force centripète, comme vous l'appellerez, de gravité' de pesanteur, est la même que votre force tangentielle, ce qui ne peut être.

La Mécanique veut donc que la gravité ou la pesanteur d'un globe soit partagée aux deux extrémités de son axe, pour que ce globe ne puisse monter ni descendre ; et elle veut que la force qui doit régler sa gravitation ou le maintenir stable dans sa position, ait sa résultante ou son centre d'action à l'équateur de ce globe.

J'emploie ici indifféremment les mots *gravité* ou *attraction*, puisque ce sont même chose ; mais il ne faut pas perdre de vue que la gravité marque plus particulièrement la relation de la partie au tout ou d'un petit corps à une grande masse, et que l'attraction indique la relation du tout à la partie, ou de la grande masse à l'égard du petit corps. Cette explication n'est pas inutile ; car, dans les sciences, une fausse dénomination a bien des inconvéniens. Par exemple, on est convenu, en Mécanique, d'appeler *centre des forces, centre de gravité*, le point où les forces sont en équilibre, le point où la pesanteur, la gravité devient nulle. Ce n'est pas la faute d'Euler, ce point il l'avait très-bien nommé *centre d'inertie*. Cette double dénomination, qui exprime une idée contraire, a perpétué et mul-

tiplié les erreurs. Suivant le besoin, on a tour
à tour rendu ce point, ou *centre de gravité* ou
centre d'inertie : et *les forces centrales, les forces
centripètes,* abstractions absurdes, sont venues
créer un vrai dédale pour la science. Il ne m'appartient pas de prononcer lequel est le plus
merveilleux ou du génie des Savans pour avoir
trouvé de sûres méthodes de repère dans un pareil chaos, ou de leur distraction pour ne s'en
être pas aperçus. Revenons aux résultats de ces
aberrations.

Si l'on jette un cylindre parallèlement, le
centre de gravité de toute droite étant au milieu,
il devrait tomber parallèlement : car un théorème de Mécanique affirme que la résultante
d'un système de forces parallèles est parallèle à
ces forces et égale à leur somme. Or la gravité,
la pesanteur est une force ; le cylindre

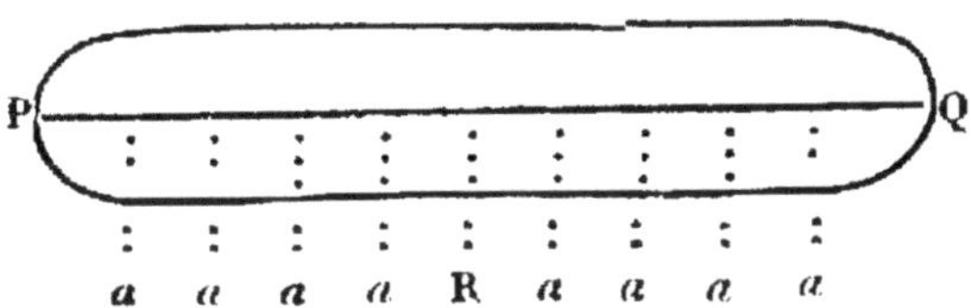

lancé parallèlement représente donc autant de
forces parallèles *a a a a* qu'on voudra, qui toutes ont la ligne R pour résultante. Eh bien ! quoi
qu'il en soit, le cylindre n'en tombe pas moins
par une de ses extrémités.

Tout cela tient à ce qu'on a confondu le point inerte où aboutissent les efforts des forces diverses, ce point unique, constant, non pas *par où passe la résultante*, mais d'*où elle part*, avec le centre des forces qui est la résultante même. En effet, dans la figure ci-dessous, si P, Q sont deux forces semblables réunies contre la force B, la ligne BA arrivera d'A en R,

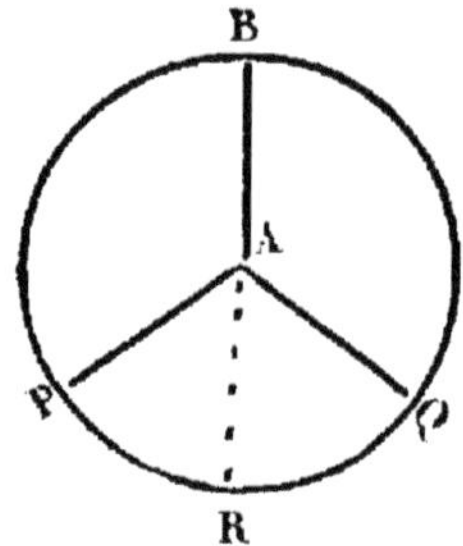

car les efforts se réunissent en A, mais non la somme des forces ; loin de là, les forces B, P, Q décroissent en A où est leur minimum : le centre de ces forces est donc le point R ; et si l'on passe un cercle autour des points B, P, Q, pour en faire un corps matériel, A sera le centre d'inertie et R la gravité, en supposant toujours les forces réunies P, Q supérieures à B ; d'où suit que, dans toute espèce de figure, la gravité force est toujours à la superficie ou aux extrémités, et non dans le centre. Si la gravité corps était à son centre, une borne

par le point supérieur de la circonférence, ou
retenue soit par le centre, soit par le point in-
férieur, devrait occasioner un égal effort au
point de suspension, ce qui n'est pas.

Soient aussi deux corps comme la Lune et la
Terre.

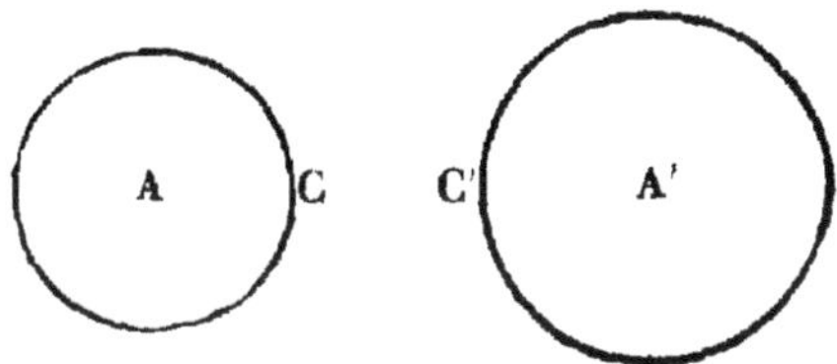

Si les forces de gravité ou d'attraction sont en A
et A', la molécule C' est soumise à l'attraction
A' et ainsi de A, C. Cette molécule C' ne peut
donc pas peser sur C, puisque toute sa force est
absorbée par A. et ainsi de C' par rapport à C; et
que'' 'de proportion des deux
'ction l'un sur l'au-
· A' que par le
ut entier sur
'; au con-
sont
bes
se,
en

!n

point central étant toujours inerte, il ne peut
donc pas y avoir de *force* centripète, mais seulement une force centrifuge, qui est la force de
gravité. Or, cette force de gravité, en Statique,
est constamment divisée; en Dynamique, elle
est réunie au point de la résultante. Dans d'autres termes, la gravité, en Statique, peut se diviser dans toutes les puissances composantes;
en Dynamique, elle est la résultante même, ou
les résultantes si le mouvement est composé.

La gravité, partagée aux deux pôles, non-seulement empêche tout mouvement des planètes
du nord au sud, mais sert aussi de contre-poids,
et règle la gravitation beaucoup mieux que la
prétendue force projectile qui n'existe pas, et
dont l'invention n'est venue compliquer la Mécanique céleste, et entraver la marche de tous
les astres, que pour faire briller les ressources
de l'esprit humain.

En effet, que d'abstractions mathématiques,
que de génie mal employé n'a-t-il pas fallu pour
se tirer du désordre qu'on s'est plu à introduire
en voulant faire concorder ensemble, unir et
mener de front contre cette troisième force contraire aux deux autres, deux forces déjà diamé-
tralement opposées, deux forces marchant en
sens inverse, la force appelée *centripète* et la
force *de gravitation !*

M. de La Place va trahir lui-même son embarras à cet égard.

« La propriété attractive des corps célestes
« ne leur appartient pas seulement en masse,
« mais elle est propre à chacune de leurs molé-
« cules. Si le Soleil n'agissait pas sur le centre
« de la Terre, sans attirer chacune de ses par-
« ties, il en résulterait dans l'Océan des os-
« cillations incomparablement plus grandes et
« très-différentes de celles qu'on y observe. La
« pesanteur de la Terre vers le Soleil, est donc
« le résultat des pesanteurs de toutes ses molé-
« cules qui par conséquent attirent le Soleil, en
« raison de leurs masses respectives. D'ailleurs
« *chaque corps sur la Terre pèse vers le centre*
« *de cette planète* proportionnellement à sa
« masse ; il réagit donc sur elle, et l'attire sui-
« vant le même rapport. Si cela n'était pas, et
« si une partie de la Terre, *quelque petite qu'on*
« *la suppose*, n'attirait pas l'autre partie comme
« elle en est attirée, le centre de gravité de la
« Terre serait mû dans l'espace en vertu de la
« pesanteur, ce qui est inadmissible. » (*Sys-*
tème du monde, page 193.)

Pourquoi cela est-il inadmissible ? parce que
la force de projection ayant été inventée, il fallait bien lui trouver un emploi quelconque. Je

montrerai tout à l'heure qu'il y a un point de la Terre qui est attiré par elle sans pouvoir réagir ; et ce point, c'est le centre même de la Terre.

Mais d'abord, comment admettre que deux forces contraires et égales entre elles aient leur résultante ou la somme de leur action au même point, ou à un point opposé, sans se frapper mutuellement d'inertie ? Il faut, pour qu'il y ait mouvement entre deux forces égales, que l'une l'emporte alternativement sur l'autre, et cela n'est possible qu'en partageant l'une en deux résultantes opposées, et en rendant mobile l'autre force qui les divise. La route du Soleil sur l'équateur ne permet pas de supposer que l'action solaire soit partagée ; donc c'est la gravité terrestre qui est forcément divisée aux deux pôles, et alors plus de force projectile. Nous allons d'ailleurs apercevoir *cette petite partie de la Terre qui n'attire pas l'autre partie comme elle en est attirée*, parce que formant limite de deux attractions contraires, elle subit deux actions égales et contraires, et que par conséquent elle devient nulle et incapable de réaction.

En effet, partant du grand principe de la nature : « Que toutes les molécules de la ma-« tière s'attirent mutuellement en raison des « masses et réciproquement au carré des dis-

« tances » (de La Place, page 194), la figure
ci-dessous

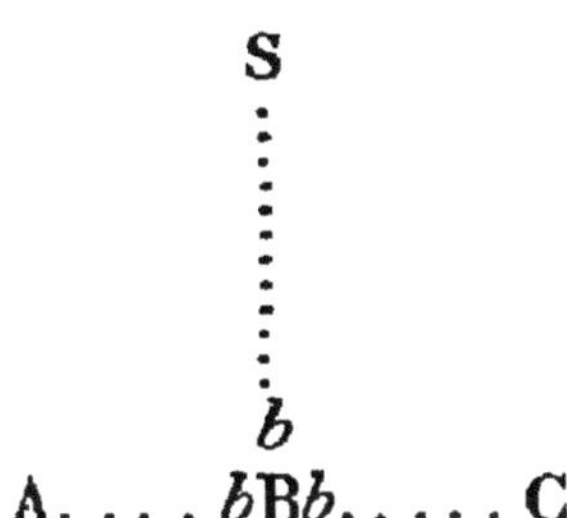

nous démontre que si le point B est attiré en
A et C par une force réunie égale à 1, et qu'il
soit pareillement attiré en S par une autre force
égale à 1, ce point unique B n'attirera ni A, ni
S, ni C, parce qu'étant l'objet de deux actions
égales, il sera frappé d'inertie. Il n'en sera pas
de même de *bbb*, qui, éprouvant chacun une
action inégale des trois points A, S, C, pourront la leur reporter en raison de leur masse
et de leur distance.

Maintenant si l'on conduit un arc de A à C
par S,

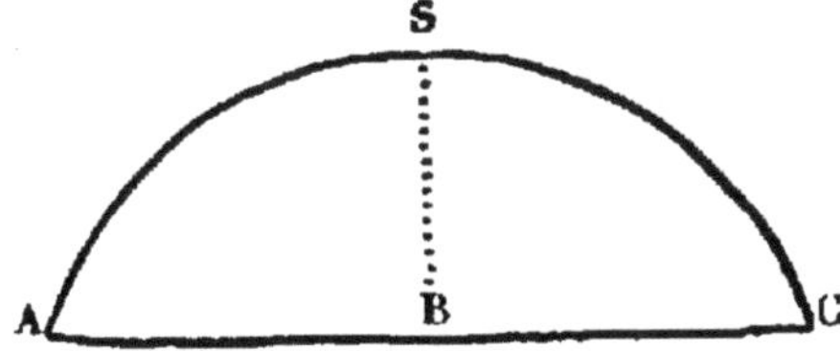

on voit, d'une part, que la gravité, loin d'être

placée au centre d'un globe qui est le point nul, est toujours partagée à la circonférence, et que par conséquent la théorie d'augmentation de pesanteur par couches, de la superficie au centre, est complétement fausse. D'autre part, on reconnaîtra qu'aux deux points A, C, l'augmentation de pesanteur arrive par couches intérieures parallèles, partant du cercle de l'équateur, et que le maximum de pesanteur du point S étant le cercle de l'équateur dans la direction B, elle diminue progressivement en allant vers les pôles A, C. La résultante de l'attraction solaire, ou pour mieux dire, puisqu'il est ici question de la Terre, la résultante de l'attraction polaire (1) est donc à la zone écliptique atmosphérique; et si les deux forces (2) de gravité de la terre, au lieu de se trouver à 23 degrés des pôles, l'un en dessus et l'autre en dessous, comme je le prouverai plus tard, au lieu d'être séparées invariablement par un cercle d'inertie, étaient réunies en une seule force, cette force passerait tour à tour sur tous les points de la

---

(1) Voyez le chapitre suivant.

(2) C'est pour éviter la fausse expression *centres*, que je dis *forces de gravité*. Le mot propre serait *pôles*, comme pour l'aimant, et je m'en servirai lorsqu'au même instant il ne sera pas question des pôles de la terre.

circonférence, et notre globe circulerait autour de l'étoile polaire au lieu d'osciller.

Appliquant les démonstrations ci-dessus à la gravitation des planètes, nous allons nous convaincre que le Soleil et la Lune, débarrassés de ce fardeau dont on les avait si inutilement surchargés, *la force projectile,* pourront circuler avec facilité et régularité autour de la Terre.

Soient, dans la figure ci-dessous, A, C, les

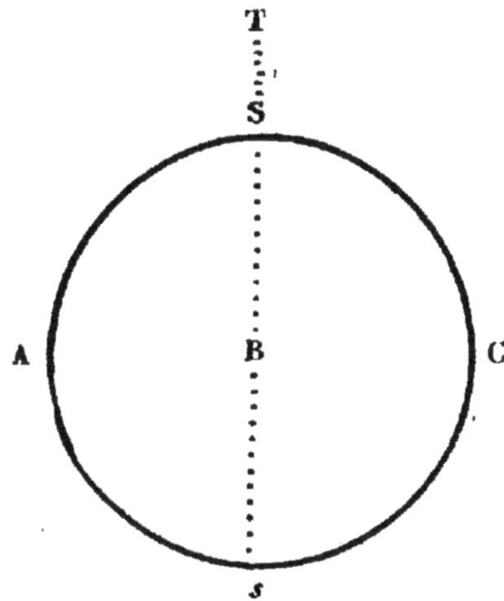

deux gravités de la Lune, et S*B*s son équateur ou cercle principal d'attraction terrestre, il est clair que l'hémisphère A*s*C plus éloignée de la Terre ou point T, que ASC, et par conséquent moins attirée par la terre et plus pesante en sens opposé que ce dernier hémisphère, tombe et entraîne le cercle ASC en ABC et

A*s*C. Mais alors A*s*C remonte en ASC, et le globe est forcé de décrire une courbe autour du point T, et de tourner sur lui-même. La résultante de la force attractive **T** est donc alternativement chacun des points de la circonférence SB*s*; ce qui confirme le principe émis plus haut : que sur un corps en gravitation la résultante de la force d'attraction sur l'équateur est nécessairement mobile.

Ainsi, la pesanteur n'a pas besoin de la force tangentielle ou projectile pour tracer une courbe, et l'on doit reconnaître pour premières lois de la gravitation suffisantes au maintien de l'équilibre, à la régularité du mouvement, *la division de la gravité aux pôles et la position du contre-poids à l'équateur.*

La révolution diurne du Soleil et de la Lune autour de l'équateur est donc d'accord avec les lois de l'attraction et de la Mécanique. Je vais ajouter quelques réflexions sur l'improbabilité des plans sphériques et sur l'impossibilité des orbes elliptiques. N'est-il pas très-rationnel d'accorder aux systèmes de corps célestes, qui ne doivent pas avoir de bornes, des plans parallèles, plutôt que de les renfermer dans des sphères qui sont nécessairement circonscrites? Une réunion d'astres en ordre sphérique ne peut être admise avec les lois de l'attraction :

car l'attraction d'astres à astres se faisant en vertu de la rotation sur un point variable de leur circonférence, comment voudrait-on que cette rotation eût lieu d'une manière régulière et même irrégulière, si ces astres étaient attirés dans tous les sens. Tout prouve d'ailleurs que les corps célestes doivent se mouvoir sur des plans parallèles, ainsi que par orbites circulaires, *et non elliptiques*.

« Il a fallu, dit l'Anglais Richard Philipps relativement à l'ellipticité attribuée aux révolutions des planètes, combiner le pouvoir de l'attraction avec le *miracle continuel de la force projectile* : rien ne paraît plus impossible qu'une force qui agit d'une manière égale contre une autre force qui varie à chaque instant sa ligne de direction, soit dans les différentes planètes, soit dans chaque planète et ses satellites, qui se trouvent sur des plans ou lignes différentes dans chaque partie de l'espace. Mais on crut que cette force tangentielle leur avait été imprimée dès la création, lorsque ces corps furent lancés dans l'espace par la main puissante de Dieu. Ici la difficulté n'est pas d'admettre la force tangentielle imprimée dès la création, puisqu'elle est réglée par la gravitation des corps entre eux. Mais le tour de force est dans l'orbite elliptique : car si la balance du pouvoir attractif se trouve dans un des rayons vecteurs de l'orbite, ce rayon ne doit jamais changer ; s'il devient plus court, la planète en révolution doit tomber sur l'autre ; s'il devient plus long, elle doit fuir pour toujours de son orbite. Pour sauver cette invraisemblance, on en a inventé une autre, les calculs peuvent prouver tout : parce que dans les prétendues orbites ellipti-ques, le satellite se trouve, assure-t-on, doué d'un mouvement plus précipité au point le plus éloigné de l'abside, on a soutenu que cet ac-croissement ou ce décroissement du mouve-ment se balançait avec l'augmentation ou la di-minution de force attractive occasionnée par le plus ou moins de distance des planètes entre elles. »

Flamsteed, bien avant sir Richard Philipps, avait reconnu l'impossibilité de l'orbite ellipti-que de la Terre ; car ayant vu itérativement l'étoile polaire en janvier et en juillet, depuis 1689 jusqu'en 1699, sous le même triangle iso-cèle, il avait conclu que, relativement à l'étoile polaire ou au pôle boréal, le diamètre du dépla-cement de la Terre ne pouvait être autre que la base de ce même triangle isocèle, c'est-à-dire l'inclinaison de 22° 1/2 que je donne au pôle ; et ayant, par d'autres observations, déterminé la mesure du diamètre vertical de l'orbite que

parcourt la terre, ainsi que celle du diamètre
horizontal, et les ayant trouvés égaux, il en avait
encore tiré la conséquence que la terre ne pouvait se mouvoir sur une ligne elliptique, car il
n'y a que le cercle qui ait des diamètres égaux
dans les sens opposés.

III.

PHÉNOMÈNES MAGNÉTIQUES.

Le premier des phénomènes magnétiques est l'Équateur Magnétique, cette ligne, ce cercle qui concorde presque avec l'équateur terrestre et coupe notre globe en deux hémisphères d'attraction différente. En frappant d'inertie le centre de toutes ses créations, pour qu'elles pussent s'attirer, se balancer l'une par l'autre, ainsi que nous venons de le voir dans la leçon précédente, celui qui a produit tous les mondes ne s'est pas montré, en mécanique terrestre, au-dessous de tous nos auteurs de mécanique céleste. Il a voulu que la Terre ne quittât pas le plan qu'il lui assignait, et la Terre, à son signe souverain, s'est divisée en deux parties qui se repoussent constamment et restent étroitement unies. Ainsi une seule et même loi de Mécanique a décidé de la fixité de la Terre et de la gravité de ses pôles, et l'auteur de cette loi a eu le soin de nous en laisser le type dans les mines d'aimant dont il a doté notre globe. Nous pouvons donc penser, avec Halley, que la Terre est un gros aimant ; c'est un tout composé de deux parties égales, indépendantes, doué de deux forces de gravité à ses extrémités verticales, au lieu d'une à son centre ; car la gravité des deux pôles est une conséquence irrécusable du cercle d'inertie, comme le cercle d'inertie est la conséquence de la gravité des pôles. La force centripète et la force centrifuge, ces amies antipathiques, auront bien de la peine à se mettre d'accord pour prouver le contraire.

Le globe ainsi conformé ne peut descendre du Nord au Sud ni monter du Sud au Nord, mais doit graviter à droite ou à gauche dans le sens de son équateur, selon qu'une force étrangère agissant sur cet équateur, et supérieure aux deux forces de gravité, en réglera la gravitation d'un côté ou de l'autre. Si la force étrangère est absolument égale aux deux forces de gravité réunies, il n'y a pas de gravitation possible ; la Terre reste éternellement fixée dans le lieu où elle a été posée. Pour qu'il y ait mouvement oscillatoire ou de bascule, il faut que la force étrangère, au lieu d'agir en totalité sur le même point de l'équateur, n'y applique que le tiers de son action, et qu'elle reverse les deux autres tiers d'une manière alternativement inégale

d'un côté et de l'autre de cet équateur, Pour
que l'oscillation soit régulière et perpétuelle, il
faut encore que les deux forces de gravité, au
lieu d'être placées aux extrémités de l'axe, en
soient éloignées dans les mêmes proportions
que les bras de la balance de force étrangère se
trouvent éloignés de l'équateur, et que l'une
soit placée en dessous et l'autre en dessus, afin
de concorder avec l'alternative d'inégalité des
bras, LB, LA, ainsi qu'on le voit dans la figure 6.

Le globe terrestre a donc une relation d'attraction qui balance ses deux forces de gravité,
qui le maintient dans sa position, et qui occasionne son mouvement oscillatoire. Puisque
nous reconnaissons à l'aimant la propriété de
se diriger vers le Nord, c'est au Nord qu'il faut
chercher cette relation ; et attendu qu'elle ne
peut partir que d'un point fixe, cette relation
d'attraction doit se trouver nécessairement dans
l'étoile polaire. L'Équateur Magnétique peut
être alors considéré comme l'axe d'une balance
suspendue à l'étoile polaire P, fig. 6, par des
bras ou liens d'attraction, ou, ce qui revient au
même, méridiens magnétiques, dont deux inva-
riables *mm*, *mm'* forment le point d'appui, et
dont deux autres *la*, LB, s'allongent et se rac-
courcissent alternativement de *la* en LA et de

LB en *lb*, par le mouvement oscillatoire du pôle de gravité boréal GB en *gb*, et du pôle austral GA en *ga* (1).

L'Équateur Magnétique s'appelle aussi ligne sans Inclinaison. L'aimant a non-seulement un mouvement horizontal par lequel il décline du Nord vrai pour se porter plus ou moins soit vers l'Est, soit vers l'Ouest, il a aussi un mouvement vertical par lequel il fait un angle plus ou moins grand avec le plan de l'horizon. Cette propriété de l'aimant s'appelle *inclinaison*. Si dans notre hémisphère septentrional, on place en équilibre une aiguille aimantée, comme un fléau de balance, en rendant ses

---

(1) Dans le petit Cours d'astronomie, première partie, page 27, j'ai fait aboutir l'axe de gravité à 22° 1/2 du pôle arctique, du côté solsticial d'été, dans l'hémisphère boréal, et à 22° 1/2 du pôle antarctique, du côté solsticial d'hiver, dans l'hémisphère austral. C'est une erreur : les deux pôles de gravité et les deux foyers ou pôles de lumière terrestre sont à 90° l'un de l'autre. Ainsi, l'axe de gravité aboutit au contraire à 22° 1/2 du pôle arctique, du côté solsticial d'hiver, dans l'hémisphère boréal, et à 22° 1/2 du pôle antarctique, du côté solsticial d'été, dans l'hémisphère austral ; et les deux foyers ou pôles de lumière terrestre sont placés sur la même circonférence à 22° 1/2 au-dessus de l'équateur, dans l'hémisphère boréal en LB (fig. 6), et à 22° 1/2 au-dessous de l'équateur en LA dans l'hémisphère austral.

deux moitiés également pesantes, le pôle nord de l'aiguille s'incline vers la terre, s'abaisse sur le plan de l'horizon, et par là fait relever le pôle sud. Si l'expérience se fait dans l'hémisphère méridional, le pôle sud de l'aiguille s'incline, s'abaisse sur la terre et fait relever le pôle nord. L'Inclinaison est d'autant plus considérable que l'aiguille est plus proche des pôles de gravité, et d'autant moindre qu'elle est proche de l'Équateur Magnétique, en sorte que sous cette ligne l'aiguille est parfaitement horizontale. L'Inclinaison de l'aiguille aimantée prouve donc surabondamment la gravité des deux pôles. Comment, en effet, pourrait-on concevoir que la pointe nord de l'aiguille baissât graduellement de l'équateur au pôle arctique, et la pointe sud au pôle antarctique, sans accorder à ces deux pôles la force de gravité qu'a déjà établie leur mouvement oscillatoire?

Expliquons-nous bien sur le magnétisme ou action magnétique. Les expériences démontrent que cette action est l'effet du mouvement du fluide ou principe électrique répandu dans tous les corps, qui le perdent et le remplacent plus ou moins rapidement, selon qu'ils se trouvent plus ou moins exposés à l'action des courans. C'est ce que j'ai déjà dit, 1re partie, page 32. M. Biot, dans son Traité de Physique, 3e vol., page 117, prouve de son côté l'action

mans sur tous les corps naturels : l'action magnétique n'est donc que le fluide électrique en
mouvement. Mais ce fluide obéit à deux lois ou
forces : 1° à la force de l'étoile polaire, qui en
est le grand réservoir et la source ; et cette force
je l'appelle plus particulièrement attraction,
l'attraction polaire étant la force magnétique
par excellence ; 2° aux deux forces de gravité
terrestre, que j'appelle ainsi pour les distinguer
de la première attraction, quoique ce soit le
même principe.

Direction ou déclinaison de l'aimant.

L'aimant dirige l'un de ses pôles vers le Nord
et l'autre vers le Sud. Ainsi, lorsqu'on abandonne un aimant à lui-même et qu'il est entièrement libre, en sorte qu'il puisse se mouvoir sans aucun empêchement, soit qu'on le
suspende à une corde tressée et non tournée,
soit qu'on le mette dans un petit vase sur l'eau,
l'un de ses pôles se tourne alors vers le Nord
et l'autre se tourne vers le Sud. Une aiguille de
boussole libre sur son pivot, et qui a été frottée
sur les pôles de l'aimant, se meut, et tourne l'une
de ses extrémités vers le Nord et l'autre vers le
Sud, de la même manière que l'aimant y tourne
ses pôles. Cette propriété de l'aimant qu'on appelle *direction* est d'une utilité évidente. Une
aiguille qui se dirige constamment vers quel-

que point déterminé de l'horizon peut servir à s'orienter dans un lieu où l'on ne voit pas le ciel. Ainsi le navigateur, lorsqu'il ne peut diriger la route de son vaisseau par l'inspection des astres, a recours à sa boussole, qui, par la Direction de l'aiguille, indique la route à suivre.

Mais la Direction de l'aimant n'est pas régulière; il ne tend vers le Nord vrai qu'en quelques endroits privilégiés de la Terre, et paraît dans tous les autres s'éloigner de ce point, c'est-à-dire de la ligne méridienne du lieu où l'on se trouve. Cet écart s'appelle *déclinaison*, et se mesure par les degrés d'un cercle parallèle à l'horizon, degrés qui sont compris entre la ligne méridienne et la Direction actuelle de l'aimant. Cette Déclinaison est différente selon les temps et selon les lieux, comme l'Inclinaison. A l'égard des temps, on peut admettre que sa variation est de 8' 30" de degré par an, puisqu'à Paris l'aiguille, qui en 1666 n'avait pas de Déclinaison, c'est-à-dire marquait le Nord vrai, s'en est écartée de 22° 1/2 d'une manière progressive pendant 159 ans, c'est-à-dire jusqu'en l'année 1826, depuis laquelle l'aiguille retourne insensiblement vers le Nord : ce qui annonce qu'elle mettra de même 159 ans à redonner le Nord vrai, et qu'ensuite elle s'en écartera de la même manière graduelle en déclinant vers

l'Est, car avant 1666 l'aiguille déclinait à l'Est;
et l'on en peut·conclure que la Direction de
l'aiguille change pour le même lieu tous les
318 ans d'une manière alternative de l'Est à
l'Ouest et de l'Ouest à l'Est. A l'égard de la variation selon les lieux, l'on n'a pas découvert
encore les rapports que la latitude et la longitude établissent pour la Déclinaison de l'aiguille, et l'on ignore complétement les causes
de ses irrégularités. L'attribuer, avec Halley,
aux quatre pôles magnétiques du globe intérieur ou noyau, et du globe extérieur ou croûte,
ou l'attribuer avec moi aux deux pôles de gravité et aux deux pôles de lumière terrestre, à
90° l'un de l'autre, ne résout pas complétement
le problème et ne rend pas compte de la variation graduelle suivant les temps, ni du changement de Direction de l'Est à l'Ouest et de l'Ouest
à l'Est tous les 318 ans. Il faut donc qu'il y ait
sur l'aiguille aimantée une autre action hors
du globe, qui, combinée avec celle du globe,
occasionne toutes les variations que l'on remarque. Cette seconde attraction qu'éprouve
l'aiguille aimantée provient, je l'ai déjà dit, de
l'étoile polaire qui, pour produire et régler l'oscillation du globe, doit de toute nécessité retenir son équateur par 4, 8 bras ou méridiens
magnétiques, ainsi que sont suspendus les bas-

sins d'une balance. C'est à l'influence qu'exercent ces bras ou méridiens sur les lieux qu'ils coupent, qu'est due la variation périodique de 3ı8 ans de l'aiguille de l'Est à l'Ouest et de l'Ouest à l'Est, pour un lieu quelconque ; or, les bras tenant tous au même point ne peuvent, eux, changer de place ; il faut alors que ce lieu aille lui-même trouver chacun des bras ou méridiens de l'étoile polaire, et il ne peut le faire que par un mouvement régulier de la rotation du globe. Donc le globe a une rotation complète de 2544 ans de l'Est à l'Ouest ou de 45° en 3ı8 ans. Nous y reviendrons, mais il est bon de remarquer que cette explication frappe d'inadmissibilité la révolution annuelle du globe et son grand éloignement de l'étoile polaire, et ne lui permet d'autre mouvement que l'oscillation de ses pôles.

Variation diurne de la Déclinaison.

« Dans l'hémisphère nord, dit M. Arago, la pointe d'une aiguille horizontale aimantée qui se tourne vers le Nord, marche de l'Est à l'Ouest depuis 8 heures 1/4 du matin jusqu'à 1 heure 1/4 après-midi, et de l'Ouest à l'Est depuis 1 heure 1/4 après-midi jusqu'au lendemain matin.

« Notre hémisphère ne peut avoir à cet égard

aucun privilége; ce qu'éprouve la pointe nord doit se produire sur la pointe sud au Sud de l'équateur. Ainsi dans l'hémisphère sud, la pointe d'une aiguille horizontale aimantée qui se tourne vers le Sud, marchera de l'Est à l'Ouest depuis 8 heures 1/4 du matin jusqu'à 1 heure 1/4 après-midi, et de l'Ouest à l'Est, depuis 1 heure 1/4 après-midi jusqu'au lendemain matin.

« Comparons maintenant les mouvemens simultanés des deux aiguilles, en les rapportant à la même pointe, à celle qui est tournée vers le Nord. Dans l'hémisphère sud, la pointe tournée vers le Sud, marche de l'Est à l'Ouest, depuis 8 heures 1/4 du matin jusqu'à 1 heure 1/4 après midi : donc la pointe nord de la même aiguille éprouve le mouvement contraire; ainsi définitivement :

« Dans l'hémisphère sud, la pointe tournée vers le Nord, marche de l'Est à l'Ouest, depuis 8 heures 1/4 du matin jusqu'à 1 heure 1/4 après-midi : c'est précisément l'opposé du mouvement qu'effectue aux mêmes heures dans notre hémisphère la même pointe nord.

« Supposons qu'un observateur partant de Paris s'avance vers l'équateur : tant qu'il sera dans notre hémisphère, la pointe nord de son aiguille éprouvera tous les matins un mouvement vers l'Occident ; dans l'hémisphère opposé, la pointe nord de, cette même aiguille éprouvera tous les matins un mouvement vers l'Orient. »

J'ai établi précédemment que l'action du Soleil sur l'oxygène de l'air et l'action de la Lune sur l'azote occasionnaient la décomposition et la recomposition instantanée de l'air, et laissait, pour ainsi dire, flottant le fluide lumineux ou électrique. J'ai dit que le Soleil attirait 6 parties d'oxygène pendant que la lune en attirait 1 d'azote : des molécules de fluide électrique dégagées par les deux attractions, il y en a donc le 5e à peu près qui reste en arrière à chaque mouvement, puisque la lune n'a que moitié de la vitesse du soleil, et par conséquent la 5e partie du fluide électrique que n'entraîne pas la direction du soleil de l'Est à l'Ouest, doit rester à l'Est; ou ce qui revient au même : pendant la 5e partie du jour, c'est-à-dire 5 heures, il y aura afflux, engorgement du fluide électrique de l'Est à l'Ouest. Cet amas que le soleil laissera derrière lui s'accumulera donc progressivement pendant 5 heures, jusqu'au moment où, passant de nouveau à un même méridien, il lui ait donné le temps de le rejoindre pendant les 19 heures suivantes, ou plutôt de se dissiper et de se reformer simultanément. Par conséquent les 5 heures de l'afflux devront précéder de 4 heures au moins le passage du Soleil au même méridien, et l'afflux n'y pourra garder permanence que de 8 heures du m●●in à 1 heure. Cet afflux, partout où il se trouvera, attirera nécessairement à lui l'électricité des corps terrestres qui se trouveront à son orient, puisque lui-même s'avance de l'Est à l'Ouest, tandis que pendant les autres 19 heures, la marche du soleil ayant chassé l'afflux devant lui, cet afflux qui était tout à l'heure à l'Ouest du point qu'il attirait à lui, s'en trouve alors à l'Est sans en être séparé par le soleil, et attire ainsi de l'Ouest à l'Est ce qu'il venait d'attirer de l'Est à l'Ouest.

Telle est effectivement la marche des variations diurnes de la déclinaison pour l'hémisphère boréal; et d'après ce que je viens d'établir, cette marche paraîtrait devoir être la même pour l'hémisphère austral. Oui, si la variation dépendait seulement de la distance du soleil au méridien; mais elle dépend aussi de l'action de la ligne de gravité, en d'autres termes, du cercle oblique qui coupe la terre verticalement en deux hémisphères, en passant par les deux pôles de gravité. Or, dans l'hémisphère septentrional, le cercle part à l'équateur de l'Est à l'Ouest, fig. 6, d'E en GB, tandis que dans l'hémisphère Sud, le cercle part à l'équateur de l'Ouest à l'Est d'E en GA. Ces deux parties du cercle qui agissent en sens contraire doivent exercer une action inverse sur la marche diurne de l'aiguille; donc la variation diurne dans l'hémisphère austral doit être opposée à celle de l'hémisphère nord. Car la variation diurne, quant au partage des heures, est l'effet de l'attraction de l'étoile médiastre par l'intermédiaire du soleil, mais quant à la marche inverse des deux hémisphères, elle est l'effet du cercle de gravité terrestre. Par conséquent la ligne d'inertie, la ligne sans Inclinaison n'est pour rien dans le phénomène, et il n'y a pas entre la zone où s'observe le mouvement occidental et celle où s'opère le mouvement oriental, d'équateur magnétique, d'équateur terrestre, ni toute autre courbe d'égale intensité, où l'aiguille ne marche ni à l'Orient ni à l'Occident, c'est-à-dire reste stationnaire, mais deux points seulement, les extrémités de l'axe horizontal de gravité terrestre qui est aussi l'axe équinoxial. Si j'ai bien déterminé la position des pôles de gravité, c'est-à-dire le méridien oscillateur, ces deux points sont le 112e degré de longitude occidentale, et le 68e degré de longitude orientale. Il est bien essentiel de les reconnaître, non pour le passage de l'aiguille du mouvement occidental au mouvement oriental qui n'y paraîtra pas davantage rester stationnaire, car, qu'est-ce qu'un point? mais pour observer les astres, qui vers ces deux points seulement conserveront constamment la même déclinaison astronomique.

Il est fâcheux qu'au 112ᵉ degré de longitude occidentale et au 68ᵉ de longitude orientale sur l'équateur, il n'y ai. aucune île, aucun banc de sable où l'on puisse établir un observatoire. On trouve du moins les îles Maldives au 71ᵉ degré de longitude orientale. Les divers gouvernemens devraient s'entendre pour ériger, sur la plus méridionale, une station astronomique, et ne pas regarder à quelques millions pour former une colonie européenne scientifique.

Balance magnétique polaire.

L'aimant ou l'aiguille aimantée est tout à la fois l'indicateur du Nord, ou pour mieux dire du centre du monde, et une échelle de gravité du globe; échelle dont les variations dénotent qu'elles sont réglées par la distance périodiquement. variable des pôles magnétiques à l'axe du monde, et prouvent de nouveau qu'il y a une force de gravité et un mouvement oscillatoire à chacun de ces pôles.

Halley a bien approché de la vérité en imaginant ses deux pôles mobiles du globe extérieur ou noyau, et ses deux pôles fixes du globe extérieur ou croûte. S'il avait connu le mouvement oscillatoire de la terre, il aurait, indubitablement conclu qu'il y avait une force de gravité vers chacune des extrémités boréale et australe, qui donnait les deux pôles magnétiques du globe intérieur ou noyau, et que le globe extérieur ou croûte donnait vers l'équateur les deux autres pôles, dont la vertu ne dépend pas, ainsi que l'a cru Halley, de ce globe extérieur, mais de la seule force attractive de l'étoile polaire, force absolument égale à celle des deux gravités de la terre, et lui servant de contre-poids. Toutes les déviations de l'aiguille sont dues à la variation de l'opposition ou de la coïncidence de ces deux forces, variation dépendante du mouvement oscillatoire du globe pour les temps, et de la distance entre les deux forces pour les lieux

Il est certain que si la gravité de la terre n'était pas divisée, on n'aurait trouvé que deux pôles magnétiques, et tous deux seraient aux deux points opposés de l'axe de l'équateur, puisque sans cela l'attraction de l'étoile polaire ne pourrait égaler la force de gravité de la terre sur l'aiguille aimantée; mais en admettant quatre principaux pôles magnétiques, il faut nécessairement que deux soient placés vers les extrémités septentrionale et méridionale de la terre ; et que les deux autres qui les balancent, s'approchent de l'équateur dans la même proportion. En effet, les observations confirment que les deux pôles magnétiques du globe extérieur ou croûte LB, LA, qui sont les deux pôles de lumière terrestre en rapport d'attraction avec l'étoile polaire vont d'un tropique à l'autre en sens oblique, et que les deux pôles du globe intérieur au noyau GB, GA, vont dans l'autre sens oblique à 23° environ des pôles boréal et austral. Le mouvement oscillatoire du globe déterminait cette position.

Soient, dans la figure *b*, la balance magnétique polaire de contre-poids P, LB, LA, ou, ce qui revient au même, P, *lb, la*, et soient GB, GA ou *gb, ga*, l'axe magnétique terrestre de gravité, on voit que la moyenne des forces du contre-poids P, LB, LA est la ligne PE et qu'elle est toujours égale à la force GB. Cela ne peut faire doute quand GB remonte en *gb*, puisque alors LB descend en *lb* ; et si dans la position de GB la force P paraît lui être inférieure de *gb* à GB, elle en retrouve l'équivalent dans la force d'opposition de l'arc GA à *ga*. Ainsi, que GB soit en *gb*, GA en *ga*, LB en *lb*, LA en *la*, toute la force de la balance magnétique reste constamment la ligne PE : ce qui explique la direction constante de l'aiguille dans la ligne EP.

Toutefois, comme il s'agit ici du magnétisme extérieur ou croûte, EP n'est pas une ligne verticale, c'est un cercle azimuthal prenant, sur l'équateur terrestre *la, mm, lb, mm'*, aux points *mm, mm'* en passant par P comme le cercle *la*, P, *lb*, et formant les deux bras du milieu de la balance magnétique P, *la, lb*. Mais avec quatre bras ou méridiens magnétiques à 90° l'un de l'autre, la déclinaison de l'aiguille aimantée devrait s'arrêter et changer à 45° au bout de 318 ans, si, comme je vais l'établir, notre globe a une rotation insensible de 2544 ans; et puisque la Déclinaison s'arrête à 22° 1/2 au bout de 159 ans, il faut qu'il y ait quatre autres méridiens magnétiques secondaires, placés entre les quatre principaux.

Remarquons, en effet, que tous les mouvemens de la balance de contre-poids ont lieu dans la zone écliptique ou route solaire, et que les phénomènes de l'aiguille aimantée varient suivant la position diurne et annuelle du Soleil; d'où l'on peut conclure que la force P ne s'exerce pas directement sur LB, LA, mais passe par S, S', S″, S‴, orbe solaire. Le Soleil est donc l'agent intermédiaire de l'attraction P; et à part LB, LA comme pôles magnétiques, nous pouvons considérer les quatre bras ou méridiens magnétiques P*lb*, P*mm*, P*la*, P*mm'*, comme

étant en PS, PS', PS'', PS''' également à 9o° l'un
de l'autre. Doublant ainsi le diamètre du bassin
de la balance, nous devons le fortifier de quatre
bras secondaires entre les quatre principaux et
admettre conséquemment huit méridiens magnétiques sans Déclinaison à 45° l'un de l'autre,
soit sur le cercle équatorial lb, mm, la, mm', soit
sur l'orbe solaire S, S', S'', S''', en $m, m', m'' m'''$.

J'ai attribué au ciel supérieur ou aux astres
qu'il enserre un mouvement circulaire, insensible, occasionant la précession des équinoxes.
La Terre a un mouvement de rotation qui y
est proportionnel ; il est d'environ 8' 3o'' par
an et change par conséquent, d'une manière
graduelle, les cercles azimuthaux $lbPla, mm$
$Pmm', mPm', m'' Pm'''$, d'où l'on voit que les deux
pôles de gravité, quoique fixes en latitude géographique, changent périodiquement de Déclinaison astronomique, et mobiles en longitude
géographique, puisque tous les points des cercles GBOGB, GAOGA viennent successivement
dans le cours de 2544 ans se présenter en GB,
GA, conservent la même ascension droite, et
qu'il en est de même des deux pôles de lumière
LB, LA qui, fixes en latitude, changent de déclinaison dans une périodicité de 6 mois, et qui,
mobiles en longitude dans une périodicité de
2544 ans, conservent constamment la même
ascension droite.

(51)

Par la même raison, chaque longitude géographique change d'ascension droite dans une périodicité de 2544 ans. En 1666, Paris correspondait exactement au méridien azimuthal *m*, et se trouvait par conséquent à 45º du méridien oscillateur estival *lb*, la ligne *la*, *lb* étant sous la ligne solsticiale, *la* verticalement au Sagittaire, *lb* aux Gémeaux. En évaluant à 8′ 3o″ le mouvement de rotation annuelle, j'ai pris la moyenne des observations de déclinaison, depuis 1666 jusqu'à 1826, où l'aiguille est restée stationnaire, et après avoir ainsi décliné à l'Ouest de 22º 1/2 pendant 159 ans, va revenir insensiblement au nord vrai pendant 159 autres années ; mais ce mouvement sera plus ou moins vif, selon la position de longitude des deux points de gravité GB, GA : plus leur grand cercle oblique traversera de mers, plus la rotation sera vive, puisque l'intensité de pesanteur se trouvera partagée des deux côtés ; plus ce cercle traversera de terre, plus la rotation se ralentira, puisque les masses légères se trouveront aux deux côtés.

J'ai dit que Paris, en 1666, se trouvait au point *m* ou à 45º Est du méridien oscillateur estival. Cela est prouvé par les 22º 1/2 de déviation de l'aiguille en 1826. L'effet des quatre méridiens principaux est de faire changer de l'Ouest à l'Est la Déclinaison de l'aiguille qui les traverse, tandis que les quatre méridiens secondaires la font changer de l'Est à l'Ouest ; et l'on conçoit que d'un méridien à un autre la Déclinaison ne puisse aller au delà de 22° 1/2, puisqu'ils sont séparés par une distance de 45°, dont chacun des deux soumet moitié à son influence ; comme il fallait en outre que l'action des méridiens fût alternativement opposée, l'action des méridiens principaux a dû préféremment concorder avec la marche du fluide électrique qui en est ainsi attiré de l'Est à l'Ouest. La déclinaison de Paris ayant passé de l'Est à l'Ouest en 1666, Paris se trouvait donc sur un des méridiens secondaires, et d'après son ascension droite, il ne pouvait être qu'entre le méridien vernal *mm* et le méridien estival *lb* : ce qui le place, pour 1826, au point M à 22° $\frac{1}{2}$ Est de *lb*, méridien estival oscillateur, et ce qui est d'accord avec les observations qui constatent qu'une partie de l'Amérique septentrionale, toute l'Amérique méridionale se trouvent, ainsi que l'Europe, l'Afrique et la plus grande partie de l'Asie, dans le même hémisphère estival ; qu'au Brésil, qui, par sa position centrale, doit avoir des saisons opposées aux nôtres, l'hiver commence en mai et finit en octobre au Sud du tropique ; que du tropique au cap Saint-Roch la saison pluvieuse, sur les côtes resserrées par les grandes Cordilières, dure de mai en août ; que le froid ne se fait sentir que dans les cantons élevés, par exemple,

vers les sources du Rio-san-Francisco, la gelée
venant de juin en juillet; qu'au nord du cap
Saint-Roch, dans les pays baignés par l'Ama-
zone et hors les limites des Guyanes, la saison
des pluies dure d'octobre en mai; qu'à Tijuco,
dans Minas-Novas, 18° latitude Sud, les mois
d'octobre et de novembre sont les plus chauds
et les plus orageux, et où le mois de janvier
s'appelle le petit été.

D'après ces considérations, je puis placer
avec assurance mon premier méridien, l'oscillateur hiémal *la*, à 157° ¹/₂ de longitude orientale de Paris, traversant l'île Salomon et le
Kamschatka; mon deuxième méridien, l'oscillateur estival *lb*, à 22° ¹/₂ Ouest de Paris, traversant l'île de Fer et l'Islande; mon troisième, l'oscillateur vernal *mm*, à 67° ¹/₂ Est de Paris,
traversant l'île Diu, mer d'Oman, Jounaghar,
Jesulmir, Ouch, Leia, Koukhan en Tartarie, et
Tobolsk; mon quatrième, l'oscillateur automn-
nal, à 112° ¹/₂ Ouest de Paris, traversant îles de
Socorro, cap Saint-Lucas en Caléfornie, et cap
Barrow, pays des Esquimaux. C'est le pôle magnétique de ce méridien qu'a reconnu le capi-
taine Ross, et non pas le grand pôle magnétique
par excellence, celui du méridien hiémal.

Par suite, le premier méridien secondaire
magnétique, placé à 113° Est de Paris, traverse

Bornéo, Nantcheu, Tsao, Pekin ; le deuxième, à 23° Est de Paris, traverse Candie, Limberg, Riga ; le troisième, à 67° Ouest de Paris, traverse l'île des Etats, Port-Saint-Antoine, Pampas, Ciudad-Real, Cumana, la Marguerite, Anegada, la Nouvelle-Ecosse ; le quatrième, à 157° Ouest de Paris, traverse les îles Sandwich et l'Amérique russe.

Le sens de l'inclinaison du globe, la position des deux méridiens oscillateurs se trouvent, en outre, confirmés par l'abaissement séculaire du Groënland et le soulèvement encore plus lent de la Norwége, comme aussi par le soulèvement et l'abaissement alternatifs des Cordilières de la Colombie. On sait que la Cordilière orientale, ainsi que l'appelle M. de Humboldt, dépourvue de crêtes neigeuses tant que les autres Cordilières, ses parallèles, montrent des cimes blanchies, s'élève et grandit à son tour quand ces dernières s'abaissent.

La connaissance de l'exacte position du cercle oscillateur est de la plus haute importance dans le relèvement des longitudes. C'est pour cette raison que je me suis autant étendu à ce sujet, et quoique certain de l'avoir établie avec une rigoureuse précision, j'engage MM. les astronomes à vérifier ce que j'avance. Etablir scrupuleusement les véritables points de section des

équinoxes et des solstices sur la terre immobile,
sera pour la science et la navigation beaucoup
plus utile que la recherche et la découverte
d'une nébuleuse. En attendant leurs investiga-
tions à cet égard, je vais donner une autre
preuve de la position de mes méridiens, par le
rapport des nœuds de l'équateur magnétique
avec la rotation de la Terre sur son axe en 2544
ans, et avec l'année de la création.

*Accord de la rotation de la terre et de l'année
de la création avec le nœud boréal de l'équateur magnétique.*

Ce développement ne sera pas sans intérêt
pour les géologues et pour les laborieux savans
qui recherchent avec conscience les monumens
de l'histoire du monde. Quelle plus belle inscription que celle qui n'a pu être engloutie par
le déluge, et qui nous montre encore empreints
tous les pas de la submersion! Quelle plus belle
inscription que le nœud boréal de l'équateur
magnétique, qui suit constamment le mouvement insensible de rotation de la Terre, sans jamais participer à ses catastrophes que pour les
réparer! Véritable monument d'alliance entre
Dieu et la Terre, premier anneau de la chaîne

dont il a voulu la ceindre pour montrer qu'elle n'avait point été jetée au hasard dans l'espace, mais qu'il la retenait sous sa dépendance immédiate par un lien que lui seul pouvait et savait modifier à sa volonté pour le salut des hommes ou pour leur leçon !

Il résulte des observations de MM. Duperey, de Blosseville et Captain Sabine, que la latitude la plus élevée de la ligne sans Inclinaison dans l'hémisphère sud se trouve au 50e degré de longitude occidentale, et que la latitude la plus élevée dans l'hémisphère nord se trouve au 50e degré de longitude orientale. Comme ces observations n'ont été relevées que de 10° en 10° de longitude, on me permettra de placer les nœuds à 52° 1/2, au lieu de 50.

Primordialement l'équateur magnétique a dû former un cercle oblique d'un tropique à l'autre, chaque nœud avoir une latitude de 22° 1/2, et se trouver sous le cercle oscillateur pour y revenir à chaque rotation complète de la Terre en 2544 ans. Nous ne pouvons donc assurer que le mouvement de rotation assigné est exact, et que nous sommes bien réellement dans l'année 5840 de l'âge du monde, qu'après avoir constaté que les deux nœuds sont revenus l'an 2544 et l'an 5088 sous le cercle oscillateur d'où a commencé leur rotation.

Paris étant à 22° ¹/₂ Ouest du méridien estival ou d'oscillation descendante en 1826, le nœud boréal de l'équateur magnétique se trouvait à 75° Ouest et à 105° Est du méridien hiémal ou d'oscillation montante. Or, 105° sont à 360° comme 742 ans à 2544 ans, rotation complète. Donc le nœud boréal se trouvait au méridien hiémal il y a 742 ans, c'est-à-dire l'an 1084, ou de l'âge du monde 5088, ce qui fait deux rotations complètes de 2544 ans. Ainsi la rotation de la Terre et l'année de la création se prouvent l'une par l'autre, et j'ai déjà donné une autre preuve évidente du temps de la rotation par la variation de l'aiguille aimantée.

J'avoue que la rotation ne concorde pas ici avec l'inclinaison, et l'on ne peut admettre que le nœud boréal de l'équateur magnétique ait été placé primordialement sur le méridien d'oscillation montante, ce qui l'aurait mis sur le plan du 45ᵉ degré de latitude, à sa traversée du méridien d'oscillation descendante. D'un autre côté, les deux nœuds ne sont plus à 180° l'un de l'autre, mais seulement à 105, et de 22° ¹/₂ de latitude, ils sont descendus à 12° et 15°. Ces anomalies sont faciles à expliquer.

La submersion du globe en 1656 a dû être produite en partie par un changement brusque du sens de l'inclinaison du pôle arctique, et puisqu'il s'incline maintenant sur les Gémeaux, nous devons conclure qu'il s'inclinait sur le Sagittaire avant le déluge. Quant au rapprochement des nœuds, il est rationnel que dans la secousse le nœud de latitude nord soit resté invariable, comme principe de l'équateur magnétique; et attendu qu'il se trouvait à 54° Est du méridien estival qui s'inclinait tout-à-coup au lieu de monter, le nœud austral a dû venir se placer à 105° Ouest dudit nœud boréal, pour faire remonter l'équateur magnétique au niveau de l'équateur terrestre, dans toute la mer du Sud; pour parvenir à calmer le flux et reflux de la secousse, et rétablir l'équilibre par un échelonnage de latitude qui, des deux côtés du cercle, balançât l'inégalité de séparation des nœuds. Mais le nœud boréal, fidèle au mouvement de rotation de la terre, est resté comme témoin irrécusable de l'année de la création.

Examinons maintenant l'effet produit sur notre globe par le changement d'inclinaison du pôle. En 1656, le méridien estival, par l'effet de la rotation, coupait l'équateur entre la presqu'île de Malaca et Bornéo. A l'Ouest de ce méridien, à 54°, était le nœud boréal au 12ᵉ degré de latitude, et à l'Est du méridien, à 126°, était le nœud austral au 15ᵉ degré de latitude : d'où il suit que le grand Océan, avec partie de la mer du Sud, jusqu'au 15ᵉ degré de latitude, est venu fondre soudainement sur l'Asie, pendant que pesait sur l'Europe la partie de l'Océan-Atlantique jusqu'à l'équateur, grossie des eaux du grand Océan qui débordait par l'isthme de Panama et toute l'Amérique centrale. Alors le nœud austral se reportant à 105° Ouest du nœud boréal, la latitude de l'équateur magnétique du 100ᵉ degré de longitude occidentale au 160ᵉ de longitude orientale, c'est-à-dire de Quito aux îles de l'Amirauté, devint presque nulle, la mer du Sud remonta vers l'équateur terrestre qu'elle ne put franchir, et perdit ainsi pour toujours la partie de ses eaux comprise dans l'espace qu'elle venait de combler. Ce qu'y gagna le grand Océan, il en disposa aussitôt, par l'isthme de Panama, en faveur de l'Océan-Atlantique où refluèrent toutes les eaux de la submersion, et qui, par sa position dans la catastrophe, avait laissé échapper peu des siennes. Aussi a-t-on reconnu que les eaux du golfe du Mexique sont plus élevées que celles de l'Océan.

Celui qui dans sa justice avait résolu le cataclysme et qui l'a réglé dans sa sagesse, n'a sans doute pas laissé ignorer aux grands mathématiciens la formule qu'il aura choisie pour le déplacement de l'équateur magnétique. Que M. Poisson admette un moment la séparation des nœuds à 180° avec une latitude de 22° ¼ Nord et Sud, et leur rapprochement soudain à 105° ; il nous dira quelle latitude ils avaient, ce qui, par leur distance connue des méridiens d'inclinaison, nous découvrira la saison de l'événement ; il nous dira quelle latitude ils ont prise, s'ils n'ont pas conservé la même, et quelle latitude doit avoir chaque degré du cercle depuis cette époque. Alors il rendra hommage à qui de droit, ou du moins au zèle de MM. Duperrey, de Blosseville et Captain Sabine qui nous ont donné le relevé graphique de la formule.

Des Comètes.

Expliquer la nature des comètes, établir leur mode de périodicité n'est pas travail difficile après la précieuse notice de M. Arago. Il ne s'agit que de tirer les conséquences des vérités qu'aime à faire entrevoir ce grand physicien, mais qu'il ne veut émettre que sous forme de doutes.

« Les comètes paraissent être, en général, de « simples amas de vapeurs (page 236 de l'an-« nuaire 1832). Quelques astronomes préten-« dent que les noyaux cométaires, que ceux-« là même qui, par la vivacité de leur lumière, « ressemblent le plus aux planètes, jouissent

« d'une complète diaphanéité (p. 203). Deux
« charbons *placés dans le vide*, dont l'un touche
« au fil de tel ou tel pôle d'une pile voltaïque
« un peu forte, tandis que l'autre est en com-
« munication avec le pôle opposé de la même
« pile, deviennent plus resplendissants que
« tous les feux terrestres connus (p. 235). »
Tout dernièrement M. Théodore Virlet a reconnu, en approchant d'une usine, que « des *di-*
« *verses* ouvertures de la tuyère, par où le vent
« s'élance dans le fourneau, et point où les ma-
« tières en ignition sont arrivées à leur plus
« haut degré de température, s'échappaient des
« traînées lumineuses, formant des espèces de
« gerbes ressemblant parfaitement à des queues
« de comètes. »

En voilà plus qu'il n'en faut pour prouver
qu'un point quelconque, matière, vapeur ou
espace, lorsqu'il est fortement sollicité par plusieurs attractions opposées, ou, si l'on veut,
par plusieurs pôles électriques contraires, devient lumineux et deviendra même flamboyant,
se mettra en pleine combustion s'il survient de
nouvelles attractions ou augmentations de forces
dans celles qui l'actionnent. Le pouvoir com-
bustible du verre ardent ou concave n'a point
d'autre cause; et dans l'espace, tous ces mé-
téores, ces globes de feux éphémères qui arri-

vent à l'improviste pour semer la terreur, dénotent que dans un même point sont venus
coïncider un moment les attractions opposées,
c'est-à-dire les rayons lumineux, de plusieurs
planètes séparées par plus de 90°. Les aurores
boréales doivent être rangées parmi ces phénomènes : elles sont produites lorsque la coïncidence a lieu *dans l'atmosphère même.* Que si
ces planètes ont une marche à peu près con-
forme relativement à leur distance et à leur orbite, il y aura durée proportionnelle du météore,
il y aura comète ; que si ces planètes se retrou-
vent à certaines époques dans les mêmes positions entre elles, il y aura comète périodique ;
que si, au point commun d'incidence des deux
planètes qui auront produit une comète à petite
chevelure, vient se joindre la coïncidence d'une
troisième ou de quelque belle étoile primaire,
la comète cette fois resplendira avec plus d'é-
clat. Il devra même arriver que sa parure, sa
queue paraisse, disparaisse, tourne autour de
la comète pour se diriger du côté de l'attraction
la plus forte. Ainsi s'explique la diminution de
volume, l'espèce de condensation que ces corps,
en approchant du Soleil, présentent dans l'atmosphère ou chevelure dont ils sont entourés.

Les comètes sont donc des réflexions, tout
comme je l'ai dit des planètes; mais des réflexions

avortées par superfétation, *des coïncidences de rayons lumineux séparés par plus de* 90°. Pourquoi, demandera-t-on, y a-t-il quelquefois noyau, centre obscur ? Puisque la comète est point d'ignition, elle renvoie ses propres rayons aux astres qui les lui donnent ; et, si l'observateur se trouve dans la direction d'un de ces astres, il y a pour lui création d'interférences, et par conséquent noyau, centre obscur.

Venons à la comète de Halley, et d'abord écartons Uranus qui, avec une orbite de 3o,ooo jours, ne peut entrer dans une périodicité de 75 ans ou 27,375 jours. Dans la fig. 5, par le p posé sur la circonférence équatoriale TPT'T", vis-à-vis le Soleil, j'indique le méridien de Paris, placé, à cause de la disposition des autres figures de la planche, à 22° Est du méridien automnal, au lieu de 112, ce qui, dans la circonstance, donne les mêmes résultats. C'est d'après les passages au méridien pris dans l'Annuaire, que j'ai indiqué à leur vraie distance la Lune, Mars, Jupiter et Saturne aux trois positions des 1ᵉʳ juillet, 21 octobre et 21 décembre. Il est seulement à remarquer que Jupiter, figuré sur l'orbe solaire, est verticalement au-dessus à 60°, et Mars à 10° (voyez *Petit Cours d'astronomie,* p. 66 et 71 à la note). Cela bien entendu, on reconnaît que la comète de Halley est incidence

1° de Jupiter qui, ayant 240° de force lumineuse, peut l'accompagner du 1er juillet jusqu'à sa disparition, quoiqu'elle descende graduellement au 21 décembre sur le plan de l'équateur, et par conséquent à 60° au-dessous de Jupiter ; 2° de Saturne qui, quoiqu'à 120° au-dessus d'elle, dans cette position, peut encore l'atteindre, puisqu'il a 240° de force lumineuse, et à plus forte raison dans la position du 1er juillet, où la comète ne se trouve guère qu'à 60° au-dessous de lui. Ainsi Jupiter et Saturne lui tracent constamment sa marche. A son apparition, concourent accessoirement Mars et la Lune, ou plutôt l'image lunaire boréale (*Petit Cours d'astronomie*, p. 15), qui l'accompagnent à peu près jusqu'en V; et c'est à partir de V' que vient aussi contribuer à son éclat l'action de y', foyer ou pôle de la lumière terrestre, peut-être aussi celle de Vénus, Mercure et du Soleil dont elle finit par occuper le plan : l'apparition des secteurs lumineux observés par M. Arago semble confirmer cette présomption.

On trouverait de même que pour la comète de Enke, ou de 1200 jours, s'unissent Vénus, Mercure et la Lune; que pour celle de 6 ans 3/4 ou 2,400 jours, il faut en outre le concours de Mars, dont l'orbite annuelle, double de celle de la Lune, explique pourquoi la périodicité de la dernière des deux comètes est juste deux fois celle de la première.

Les comètes n'étant que l'ignition momentanée de l'éther, nous n'avons pas à craindre que l'une ou l'autre vienne heurter notre globe et le briser; mais qu'elles ne puissent avoir aucune influence sur la température, ni occasionner des désastres et des mortalités, c'est une autre question. Les tableaux de météorologie par moyenne proportionnelle d'années ne prouvent rien à cet égard. Car si la température au solstice de juin a doublé son maximum d'élévation, et qu'au solstice de décembre elle soit descendue deux fois plus bas qu'elle n'a coutume, j'y vois deux sinistres différens au lieu d'une compensation. Il faut aussi faire attention que dans les grandes ignitions cométaires qui semblent vouloir s'étendre jusqu'à nous, non-seulement notre atmosphère est actionnée, mais presque toujours aussi l'un ou l'autre pôle de gravité, dont l'axe passe par le centre de la terre de p à p, TPT'T'' étant ici cercle vertical, et que l'augmentation de gravité de tout cet axe, causée par les diverses attractions de l'incidence cométaire, doit avoir une action sur notre globe, y produire des secousses et des tremblemens. J'ajouterai que les chimistes ne connaissent point assez le *prothéisme*

de l'azote et sa mystérieuse union avec l'oxygène pour savoir jusqu'à quel point le plus petit dérangement dans leur combinaison ordi-
naire, dans leur allure accoutumée, est capable
de faire naître des germes délétères. S'il ne faut
pas craindre le choc des comètes, il est donc
toujours sage de se méfier de leurs effets secondaires ; car celui qui tient les espaces infinis
dans sa pensée peut diriger l'action de ces mé-
téores sur tel ou tel lieu, pour le salut comme
pour la perte de ceux qui y pensent le moins.

De la lumière zodiacale et des aurores boréales.

Pour comprendre ces deux phénomènes, il
faut se rappeler ce que j'ai établi précédemment : 1° que les deux pôles de gravité terrestre
sont placés l'un à 22° 1/2 au-dessous du pôle
boréal sur le méridien hiémal, et l'autre à
22° 1/2 au-dessus du pôle austral sur le méridien estival ; et que les deux pôles de lumière
terrestre sont placés, l'un à 22° 1/2 au-dessus
de l'équateur sur le méridien estival, et l'autre
à 22° 1/2 au-dessous de l'équateur sur le méridien hiémal ; 2° que deux astres qui, séparés
par plus de 90°, réfléchissent leurs rayons sur
un même point enflamment ce point par leur
attraction opposée qui fait soufflet.

Maintenant à l'égard de la lumière zodiacale, deux remarques essentielles à faire : la pointe orientale du fuseau se dirige vers la constellation des Pléiades, à l'Orient de la ligne solsticiale; la base du fuseau est donc à la ligne solsticiale où se trouve le pôle de lumière terrestre; donc ce pôle doit être la cause principale du phénomène. D'autre part, le phénomène se fait remarquer parfois deux jours de suite, à 10 heures 1/2 de distance. L'astre qui par son attraction sur ce pôle concourt au phénomène, doit donc passer à son méridien deux fois en 11 heures de temps. La Lune seule peut remplir la condition par ses deux réflexions du 67e degré, qui, comme je l'ai fait voir dans la première partie du Cours, ne sont séparées que de 160° sur un cercle verticalement parallèle à celui de l'équateur. Or, si la réflexion occidentale qui suit la vraie Lune à 90°, passe le soir à 5 heures 1/2 au méridien de lumière terrestre, la réflexion occidentale du 67e degré de latitude y passe à 6 heures 1/2 : ces deux réflexions exerçant leur attraction sur le pôle de lumière, et formant avec lui des angles de plus de 90°, enflamment l'atmosphère qui l'avoisine, alors rien de plus naturel que la base du fuseau se montre au pôle même, c'est-à-dire à l'horizon, ayant sa pointe la plus saillante tournée vers l'Orient, parce qu'elle est formée par l'image lunaire du 67ᵉ degré de latitude, qui ne passe au méridien qu'une heure après l'image équatoriale et qui est plus élevée ; tandisqu'au lendemain matin l'image orientale du 67ᵉ degré de latitude, précédant au pôle de lumière l'image lunaire équatoriale, se trouve former sa pointe vers l'Occident. On voit que le fuseau doit être plus ou moins allongé suivant que le pôle de lumière est plus ou moins descendu sur le plan écliptique par l'effet de l'inclinaison d'un solstice à l'autre, et est par conséquent plus ou moins éloigné de la réflexion du 67ᵉ degré de latitude.

La cause des aurores boréales est à peu près la même ; mais le Soleil y contribuant pour beaucoup, au lieu de la pâle lumière de la Lune qu'on reconnaît dans le fuseau, nous voyons ici toute la magnificence des feux de l'astre du jour.

Comme le phénomène arrive constamment après le coucher du Soleil, c'est-à-dire au moment où le Soleil passe vers le point opposé de notre méridien, que les aurores ne sont pas vues à toute latitude et à toute longitude, nous en pouvons conclure qu'elles sont principalement produites par un point opposé à notre méridien. Or ce point ne peut être que le pôle de gravité terrestre placé à 22° ½ au-dessous du pôle arctique et à 158° de notre longitude. On devrait donc attribuer à l'attraction solaire et à l'électricité du pôle les aurores boréales ; mais le Soleil passe tous les jours devant ce pôle, devant cette extrémité de l'axe électrique de notre globe, et le phénomène n'a pas lieu tous les jours. Il y a mieux : au solstice de juin, ce pôle remonte en latitude, concorde avec l'axe du monde, et reste soustrait par là à l'influence du Soleil. Cependant, quoique beaucoup plus rares, il y a des exemples d'aurores. Tout cela dénote le concours d'autres planètes dont l'action est indispensable ou vient ajouter à leur intensité, à leur éclat. Et d'abord, les deux colonnes de feu qui s'élèvent de l'Orient et de l'Occident, pour se former en arc, annoncent la présence de deux astres différens à 45° environ de chaque côté du pôle, attisant son électricité. Les images lunaires concourent donc avec les images solaires boréales pour former les aurores, pour faire briller plusieurs arcs concentriques, et même la couronne si les deux astres ont la même ascension droite. Jupiter et Saturne doivent aussi parfois, suivant leur position à l'égard du pôle, augmenter la beauté du phénomène, ou remplacer l'un des deux astres pour faire naître les aurores boréales. Puisqu'elles dépendent de la distance des différentes planètes entre elles et par rapport au pôle, il n'est pas étonnant qu'elles coïncident toujours avec des aurores australes.

Les deux arcs de cercle aux couleurs de l'arc-en-ciel, inclinant l'un au Sud, l'autre au Nord, observés à Dieppe le 4 du mois de juillet 1836, viennent à l'appui de ce qui précède ; c'est une espèce d'aurore causée par l'action simultanée du Soleil et de Jupiter, qui ont traversé au même moment le méridien automnal.

Le phénomène s'est montré aussitôt le coucher du Soleil, au pied du vertical de l'astre, c'est-à-dire à 8 heures. Or à 8 heures le Soleil passait juste en même temps que Jupiter devant le 120e degré de longitude occidentale, à 8° au-delà du 112e degré, mon méridien automnal. En quittant ce méridien, ils ont dû y tracer leur action, et il est rationnel que l'arc de cercle s'inclinant vers le Nord, celui formé par Jupiter, se soit montré plus faible en couleur. Ce phénomène confirme non-seulement mon hypothèse des aurores, mais aussi la position que j'ai donnée à mon premier méridien. Les astronomes remarqueront sans doute avec plaisir que je n'avance aucune hypothèse qui ne se trouve confirmée plus tard par quelque phénomène, et que toutes mes propositions ont des preuves indépendantes, et se soutiennent encore l'une par l'autre.

—————

IV.

DES DIAMÈTRES ET DES DISTANCES.

*L'impossibilité de lever la parallaxe des étoiles ne vient pas
de leur grand éloignement, mais de ce qu'elles sont toutes
sur un même plan droit.— La trompeuse apparence de
la sphéricité du ciel introduit dans tous les relèvemens
de zénith, et par conséquent dans toute mesure d'angle
de la terre aux étoiles, un élément d'erreur qui peut s'é-
lever jusqu'à un sinus de 45°. — La déclinaison de la
polaire ne prouve pas son écart de 1° 1/2 de l'axe du
monde, mais que son diamètre est plus grand que celui
de la terre, et l'on en peut conclure géométriquement la
mesure exacte du diamètre de l'étoile. — M. Delalande
avoue que dans sa parallaxe lunaire il n'a pas observé la
même lune que M. Lacaille, puisque tous deux avaient leur
zénith tourné vers le même bord austral de cet astre. —
Le théorème 70 de la trigonométrie de M. Lescan donne
un moyen plus sûr que les parallaxes pour déterminer la
distance des astres. — 6ᵉ Preuve mathématique que le
centre du soleil est à 3000 lieues du centre de la terre.*

Les étoiles étant toutes sur un même plan
droit, et leur apparence de position sphérique
n'étant qu'un effet d'optique, dans tout relèvement de zénith, et par conséquent dans toute

mesure d'angle au milieu de l'espace, il entre nécessairement un élément d'erreur qui peut s'élever jusqu'à un sinus de 45°. On voit en effet (fig. ɪ) que les étoiles qui paraissent en *a, b, c, d, e, f, g, h*, sont réellement en A, B, C, D, E, F, G, H; donc P, qui a l'étoile D à environ 30° de son zénith A, le calcule à 5o en *d*; X, dont le zénith concorde avec l'étoile G, s'en croit séparé de 45° en *g*, et T, dont le zénith est séparé de l'étoile H par 45°, la voit à son zénith en *h*. Ainsi, excepté pour l'étoile A par rapport à P, le zénith se trouve toujours déplacé dans toute mesure d'angle de la Terre aux étoiles, et par conséquent dans toute mesure d'angle des astres qui peuvent se trouver entre les étoiles et la Terre. Il s'ensuit que tous les calculs de parallaxes, qui ne peuvent être établis qu'après relèvement du zénith des observateurs à l'astre inspecté, doivent être essentiellement faux; et que, si les graphomètres sont utiles pour les mesures sur le terrain où ils indiquent avec exactitude la distance du véritable horizon au vrai zénith, ils trompent monstrueusement pour la géométrie dans l'espace, où le zénith et l'horizon sont toujours déplacés.

Outre ce déplacement de zénith, source de

si capitales erreurs, il y a une autre anomalie dans les parallaxes du Soleil et de la Lune, dont l'un ni l'autre, je l'ai signalé dans mes précédens mémoires, ne peut être vu au même moment par deux observateurs que sépare une latitude de 90°. M. Delalande va lui-même confirmer cette assertion.

« Le 29 décembre 1751 j'observai (à Berlin) « le bord *austral* de la Lune à 38° 32′ 7″, etc.... « Le même bord de la Lune parut ce jour-là au « Cap de Bonne-Espérance à 49° 11′ 22″. » (Mémoires de l'Académie des Sciences.)

Il est évident que le zénith de Berlin et le zénith du Cap ne pouvaient être tournés l'un et l'autre vers le bord *austral* de la même Lune placée entre les deux observateurs. Si donc M. Delalande avait son zénith tourné vers le bord austral de la Lune quand il aurait dû l'être vers le bord boréal, c'est qu'il n'a pas vu la même Lune que M. Lacaille, c'est qu'il observait l'image lunaire boréale qui se trouve à 90° au-dessus de la vraie Lune (*Petit cours d'astronomie*, 1ʳᵉ partie, p. 16); et, quoique dans votre système la Terre au 27 décembre soit au point le plus élevé de l'écliptique, la Lune n'en reste pas moins au-dessous de Berlin, puisque Berlin est au 52ᵉ degré de latitude et que l'écliptique ne monte qu'à 23° 1/2 : donc une seule et même Lune ne pouvait pas présenter son bord austral aux deux observateurs.

M. Delalande aurait dû se contenter de la méthode parallactique de Ptolémée; elle valait, ne lui déplaise, mieux que la sienne, où, de rectification en rectification, on arrive à des résultats beaucoup plus faux. Si, au lieu d'être à 27°, la latitude d'Alexandrie eût été seulement 20°, Ptolémée aurait vu la même Lune dans ses deux observations du tropique d'hiver et du tropique d'été; mais du tropique d'été au tropique d'hiver, Alexandrie, à cette époque, remontait de 22° 1/2 en latitude boréale, et se trouvait alors au 50° degré de latitude éclairé par l'image lunaire boréale. Je dis qu'Alexandrie remontait en latitude boréale, puisqu'il y a 1700 ans elle était loin d'avoir la même longitude ou la même ascension droite, attendu la rotation complète de la terre en 2544 ans, et se trouvait, à cause du sens de l'inclinaison du pôle boréal vers les Gémeaux, plus près de l'équateur en décembre, qui était son été, et plus loin en juin, qui était son hiver. Si l'on pensait à cette différence d'ascension droite suivant les siècles, et de déclinaison suivant les mois, on reconnaîtrait l'exactitude de beaucoup d'observations des

Anciens, taxées trop légèrement d'erreur par les Modernes.

Un moyen plus sûr et plus simple que la parallaxe est donné par le théorème 70 de la trigonométrie de M. Lescan :

« On pourrait déterminer la distance d'un
« point T de la côte à une île S (1), quand même
« on n'aurait pas d'instrument propre à mesurer
« les angles. Pour y parvenir, il faut, après avoir
« mesuré une base TT', placer un piquet en O
« et un autre en O' sur les directions TS, T'S,
« mesurer les lignes TO, T'O, T'O', TO' ; on con-
« naîtra dans le triangle TOT' les trois côtés,
« on pourra donc y calculer l'angle OTT' ; l'on
« connaîtra également les trois côtés du triangle
« TT'O', on pourra, par le même procédé, dé-
« terminer l'angle STT' ; en sorte que l'on con-
« naîtra dans le triangle STT' la base TT' me-
« surée et les angles adjacens qui auront été
« calculés. Il sera donc facile d'obtenir le côté
« ST en cherchant le quatrième terme de la
« proportion; sin S : TT' :: sin STT : TS. »

Du diamètre de la Terre aux divers points

---

(1) *Voy.* fig. 2. Dans tout ce passage de M. Lescan j'ai changé les lettres de la figure pour n'avoir pas à en donner une seconde dans ma démonstration de la distance du soleil.

de sa circonférence, voilà bien du terrain pour poser des piquets, tirer des angles dans tous les sens, et calculer les triangles que les astres peuvent faire avec le diamètre terrestre.

A l'égard du Soleil et de la Lune, on n'a pas besoin de s'embarrasser du prétendu aplatissement des pôles, puisque les deux astres éclairent moitié de l'équateur à la fois, et qu'on doit opérer sur ce cercle, dont le diamètre bien connu donne la mesure de toutes les cordes parallèles qu'on voudra prendre en remontant au sommet de la demi circonférence. Ainsi nulle difficulté pour le Soleil et la Lune, dont les centres sont à un point quelconque de la ligne qui coupe par égale portion la corde de la demi-circonférence équatoriale que chacun des deux éclaire dans un seul moment.

Quant à l'étoile polaire, en admettant même l'aplatissement des pôles, il y a aussi moyen d'avoir la mesure des lignes du diamètre terrestre aux jalons placés sur les diverses latitudes, puisque M. Delalande s'en est tiré tant bien que mal dans sa parallaxe lunaire. Mais reste l'écart angulaire de 1° 1/2 de l'étoile avec l'axe du monde. A cela je réponds que cet écart, sans être réel, peut être apparent dans deux hypothèses : 1° par l'effet du grand éloignement de l'étoile ; 2° par l'effet de son grand

diamètre, si elle est rapprochée. Soit de P à A
(fig. 3) une suite de points en ligne droite
verticale à l'axe terrestre, et qu'on verra tous
dans leur vraie direction, il arrivera enfin que
les points plus élevés, tels que L, M, N, paraîtront
suivre la ligne A*lmn*, de même qu'on voit s'in-
cliner de plus en plus vers l'horizon, suivant
leur degré d'éloignement, les étoiles qui y sont
parallèles (*Petit cours d'astronomie*, 1re partie,
page 34). D'autre part, si l'étoile polaire, peu
distante de notre globe, a un diamètre plus
étendu, de l'extrémité de notre axe seulement
elle y pourra paraître perpendiculaire, parce
que la ligne PA est la plus droite et la plus
courte entre les deux astres, tandis qu'en des-
cendant vers l'équateur les lignes les plus cour-
tes, les moins obliques, au lieu de se diriger
vers A, viendront aboutir en *a* (fig. 3); et
l'observateur O verra nécessairement l'étoile
RAR' au point *a* qui lui est le plus direct. Donc
la déclinaison de l'étoile polaire ne prouve pas
son écart de l'axe du monde, si elle a un diamètre plus grand que celui de notre globe, et
nous allons voir que cette apparence de déclinaison établit le rapport des deux diamètres
entre eux. En effet, quand il ne serait pas évident, par la figure 3, que le point O, 53e degré de latitude, est ici notre véritable élément

de mesure, puisque la ligne O*a* est la plus
courte de toutes celles qui vont à l'étoile depuis O jusqu'à *x*, 45ᵉ degré de latitude, et plus
courte et plus droite que celle de O à A ; quand
il ne serait pas évident que nous avons segment P*x* : circonférence TPT' :: segment A*a* ✗
segment PO : circonférence RAR', nous trou-
verions encore la solution du problème par les
seules observations astronomiques, en les rec-
tifiant par les distances des observations lon-
gitudinales au méridien d'inclinaison du globe ;
car il faut que les calculs partent des deux cercles perpendiculaires de l'axe des deux astres.
Or ces rectifications élèveront l'écart de l'étoile
à l'axe du monde de 1° 1/2 jusqu'à 3° 1/2, à cause
des 68° dont nous sommes distans du point
équinoxial : c'est-à-dire qu'un observateur, placé
à une latitude de 53° comme moyenne des divers observatoires, et au 68ᵉ degré de longitude
orientale, au point équinoxial P (figure 2), si
nous supposons T'PT notre équateur, voyant
alors *de face* le segment A*a* de l'étoile polaire,
reconnaîtrait que sa déclinaison est de 86° 1/2,
tandis que, pour l'observateur O, ce segment
aperçu en ligne oblique diminue proportionnellement de P à O ; tandis que pour l'observateur T, qui se trouve sous le cercle solsticial
parallèle à A*a*, le segment est vu tout-à-fait en

raccourci, et diminue conséquemment encore de O à T. Aussi Ticho, qui, par l'effet de la rotation de la terre, était dans l'année 1577 entre les deux points P, O, a reconnu l'écart de 2° 58′ 30″; Cassini et Riccioli, qui, en 1686, étaient au point x, l'ont reconnu de 2° 32′ 30″; Maraldi, qui, en 1732, était entre les deux points x et y, l'a reconnu de 2° 7′ 9″; et nous, qui sommes en y, nous voyons cet écart de 1° 1/2. Continuera-t-il de diminuer ainsi de 20″ par an jusqu'au point T, suivant les tables, ou au moins se réduira-t-il à 26′ 1/2? Le raccourci serait un peu trop prononcé; je pense que l'écart ne se réduira pas sans peine à 1″. Quoi qu'il en soit, nous aurons toujours cette proportion pour les deux circonférences; 45° : 360 :: 3₀ 1/2 × 37 : x = 1036; donc diamètre de l'étoile polaire 345° 1/3 = 8633 lieues, soit 8640 trois fois le diamètre terrestre. Nous verrons plus loin que la distance de son centre au centre de la Terre est aussi trois fois et un 16ᵉ le diamètre terrestre, 8820 lieues.

Ce diamètre et cette distance sont contraires aux principes reconnus de mesure par ouverture d'angle, et doivent l'être, puisque j'ai fait voir que tout calcul d'angle dans l'espace était essentiellement faux. Mais ce diamètre et cette distance concordent avec l'ouverture de l'angle visuel de 60 lieues pour une distance de 310 lieues, et de 360 lieues pour une distance de 1560 lieues, ainsi que je l'ai fixé page 52, *Petit cours d'astronomie*, 1re partie. En effet, quoique tout d'abord il semble qu'un astre de 8,640 lieues à une distance de 8,820 dût dépasser de beaucoup cette ouverture et avoir un diamètre apparent autre que celui de l'étoile polaire, on reconnaît bientôt que c'est positivement ce qui confirme la règle posée ; car pour continuer du point P (fig. 3) l'angle visuel jusqu'au diamètre de l'étoile, il faut que les deux côtés de l'angle passent par les extrémités du diamètre solaire ; et venant alors aboutir en *rr'*, ils n'embrassent environ que la cinquième partie de l'étoile, 1800 lieues ; nous ne voyons donc la polaire que sous cet angle de 1800 lieues ; or, un corps de 1800 lieues à une distance de 8,820 lieues et un diamètre apparent de 5 lignes cadrent parfaitement avec la loi établie.

Revenons à l'application du théorème de M. Lescan pour nos mesures de distance. J'en conviens, elle demande quelques tâtonnemens ; car, suivant la position plus ou moins éloignée des jalons à la base, l'angle sera plus ou moins ouvert, la distance du sommet du triangle, c'est-à-dire de l'astre inspecté, paraîtra plus ou moins grande ; et s'il n'y avait aucun moyen de vérifi-

cation, on serait libre d'avancer ou de reculer
les astres suivant son bon plaisir, en avançant
ou reculant les jalons. Mais il ne faut pas croire
que les proportions de diamètre et de distance
des astres entre eux n'aient pas des règles fixes,
et qu'on ait à se perdre dans des combinaisons
infinies. Les limites sont loin d'être inappré-
ciables et inapparentes, elles sont même très-
resserrées. En effet, partant du diamètre de la
terre, et donnant à l'angle toute l'ouverture
dont il est susceptible, on reconnaît (fig. 3)
que la distance ou la mesure de la droite de
l'angle du sommet dans un triangle isocèle, qui
a une demi-circonférence d'ouverture, est trois
fois et un seizième la corde de cette demi-circonférence. Lors donc que pour la mesure de la
distance des étoiles on a prétendu n'avoir pas
de base assez grande, on a méconnu, renié la
valeur, l'excellence de la géométrie, qui doit
donner solution de tout problème, à moins qu'il
ne soit imaginaire ; et puisque par ses méthodes
on ne pouvait déterminer une distance aussi
prodigieuse que celle supposée, au lieu de s'en
prendre à la géométrie, qui ne peut faillir, à
l'insuffisance des méthodes, à l'instrument qui
n'était pas en défaut, à la base qui n'était pas
trop petite, on en devait conclure, qu'au-delà
de certaines limites, il n'y a plus de distance par
rapport à nous, parce que tout ce qui s'y trouve

n'est pas perceptible à notre vue, et que tout ce qui est visible pour nous est nécessairement dans une distance mesurable pour nous, et ne saurait être incommensurable en trigonométrie; on en devait conclure qu'on faisait fausse application des méthodes; que la prétendue distance incommensurable était une erreur monstrueuse, et que la solution du problème devait se trouver, au contraire, dans une distance minime, comme on va le voir, et pour le soleil, et pour la lune, et pour l'étoile polaire.

Commençons par le soleil: n'éclairant la moitié de l'équateur que de son lever à son coucher, il a sans aucun doute un diamètre plus petit que celui de la terre; car s'il lui était seulement égal, il éclairerait constamment à la fois la moitié de tous les cercles parallèles de l'équateur; d'autre part, éclairant la moitié de l'équateur à la fois, quoique plus petit, il ne peut le faire qu'en se multipliant par réflexion, et son diamètre doit être dans une proportion telle que ses rayons arrivent juste entre le sommet de la demi-circonférence équatoriale et les deux extrémités de sa corde en xx' (fig. 2), puisque, s'ils arrivaient plus près de la corde, les deux réflexions de droite et de gauche seraient renvoyées à plus de 45° du soleil sur son orbe, et leurs rayons s'avanceraient au-delà des deux extrémités TT' sur l'autre demi-circonférence TT″T'; et si les rayons du vrai soleil n'arrivaient pas jusqu'en xx', il faudrait qu'il y eût réflexion de réflexion, ce qui n'est pas admissible. Enfin, le diamètre doit être tel, qu'en le rendant la base d'un triangle dont le sommet serait tourné vers la terre, ce sommet arrive exactement à sa circonférence en P, car si les deux côtés du triangle ne joignaient qu'au-delà, les rayons arriveraient plus loin que xx'. La fig. 2 fait voir que toutes ces conditions sont remplies en fixant le diamètre du soleil à la huitième partie de celui de la terre; et cette valeur connue du diamètre solaire comme base d'un triangle dont le sommet tombe sur la circonférence terrestre indique graphiquement sa distance; mais quand même je ne l'aurais pas sue d'avance, la simple pensée que le soleil n'éclaire la demi-circonférence équatoriale que par réflexion, ne m'aurait pas laissé dans une longue indécision du lieu où je devais poser mes jalons pour trouver ma distance par le calcul. Car, évaluant ici à 1440 lieues le rayon terrestre, ce qui me donne une base de 2,880 lieues, et plaçant mes deux piquets OO' à 37° 1/2 du sommet P, je connais, par la mesure des trois côtés et des angles des deux triangles OTT', O'T'T, la valeur des trois angles du triangle STT, dont l'angle S est de

51° 17', et les deux autres de 64° 22' 30" chacun.
Pour avoir la distance de t à S, il me suffit alors
de partager mon triangle STT en deux d'égale
valeur StT', StT, et mon opération se réduit à
cette proportion :

$$\sin S\ 25° 38' 30" = 9 . 6362200$$
$$: 1440 = 3.1583625 :: \sin St\text{T}\ 64° 22' 30"$$
$$= 9.9549740 : t\text{S}$$

$$\overline{13.1133365}$$
$$9.6362200$$

$$\overline{t\text{S} = 3.4771160 = 3000 \text{ lieues.}}$$

Venons à la lune. Pour remédier à sa peti-
tesse dans une démonstration graphique, je vais
supposer maintenant le diamètre et la demi-
circonférence terrestre en zz' et ztz' (fig. 4).
Opérant comme pour le soleil, après avoir placé
mes jalons en OO', je trouve pour mon angle
L 78° 54, et pour mes deux angles Lzz', Lz'z
50° 33, ce qui par la division donne

$$\sin L\ 39° 27' = 9.8030504$$
$$: 1440 = 3.1583625 :: \sin Lzt\ 50°33$$
$$= 9.8877182 : t\text{L}$$

$$\overline{13.0460807}$$
$$9.8030504$$

$$\overline{t\text{L} = 3.2430303 = 1750 \text{ lieues.}}$$

Reste l'étoile polaire. Mettant de côté l'aplatissement des pôles auquel je ne crois pas, et
plaçant mes piquets en jj'', pour lui donner la
plus grande distance possible, je reconnais que
chacun de mes angles $TA'T'$, $T'A'T$ est de $80° 43'$
$40''$, et mon angle A' de $18° 32' 40''$. J'ai donc en
divisant :

$$\text{Sin } A' \ 9° \ 16' \ 20'' = 9.2071667$$
$$: 1440 = 3.1583625 :: \sin A'Tt \ 80° \ 43' \ 40''$$
$$= 9.9942870 : tA'$$

$$\overline{13.1526495}$$
$$9.2071667$$

$$\overline{tA' = 3.9454828 = 8820 \text{ lieues.}}$$

Ainsi, et je l'avais déjà fait voir par une autre
figure géométrique inattaquée, le centre du
soleil est à 3000 lieues du centre de la terre, le
centre de la lune à 1750 lieues, et le centre de
l'étoile polaire à 8,820 lieues, ou le bord de son
disque à 4,500 lieues, puisque son rayon est de
4,320 : ce qui met le plan du ciel à 4,500 lieues
du centre de la terre, comme je l'ai dit page 36,
Petit cours d'astronomie, 1re partie.

La méthode de M. Lescan a le grand avantage de fournir à la fois la preuve des distances
et des diamètres cherchés, si l'on opère en sens

inverse. En effet, pour vérifier une distance de
5000 lieues du centre de la terre au centre du
soleil, je dois opérer en partant d'une base de
560 lieues, diamètre solaire. Or, rapprochant
mes jalons, le plus près possible de ma base ss',
je trouve pour mon angle Pss' 13° 10', et pour
mes deux angles sPs', s'Ps 83° 25, ce qui en divisant, produit :

$$\text{Sin P } 6° \ 35' \ = \ 9.0593672$$
$$: 180 = 2.2552725 :: \sin \text{P}s\text{S } 83° \ 25$$
$$= 9.9971268 : \text{SP}$$

$$12.2523239$$
$$9.0593672$$

$$\text{SP} = 3.1930321 = 1560 \text{ lieues.}$$

Or, 1560 lieues et le rayon terrestre de 1440
font bien les 3000 lieues calculées pour la distance du centre de la terre au centre du soleil.
On trouverait de même pour la lune, en partant
d'un diamètre de 60 lieues, 48e partie de celui
de la terre, que la distance du bord de son disque est de 310 lieues, et pour l'étoile polaire,
en partant de sa base, de 8,640 lieues, la même
distance de 8,820 lieues du centre de la terre au
centre de l'étoile.

Les Coperniciens, qui ont mis tant de luxe en

géométrie pour démontrer que deux lignes droites parallèles ne peuvent se rencontrer, auraient bien dû en réserver un peu pour leurs calculs de parallaxes bien moins évidens, et chercher à les prouver par l'opération inverse. Que par la méthode Lescan je parte d'une base de 36o lieues mon diamètre solaire, ou d'une base de 2,88o lieues mon diamètre terrestre, je trouve également 3ooo lieues d'un centre à l'autre : qu'ils essaient à leur tour de nous faire voir que, partant d'une base de 315,ooo lieues, diamètre de leur soleil, comme partant d'une base de 2,88o lieues, diamètre de leur terre, ils peuvent former un triangle dont l'un des côtés aura 34 millions de lieues !

V.

DE LA LONGITUDE.

La longitude est la distance du méridien d'un lieu quelconque au premier méridien. Cette distance se compte sur l'équateur ou sur l'un de ses parallèles. La longitude d'un lieu se mesure donc par l'arc de l'équateur ou de l'un de ses parallèles compris entre le premier méridien et le méridien du lieu dont on cherche la longitude.

Le premier méridien, celui d'où l'on commence à compter, est une chose arbitraire et de pure convention. Aussi toutes les nations ne le font-elles pas passer par le même lieu. Les Anglais le font passer par leur observatoire de Greenwich, près Londres; les Français le faisaient autrefois passer à l'extrémité de l'Ile-de-Fer, la plus occidentale des Canaries, et qui est distante de Paris de 20° vers l'occident. Maintenant ils le placent à Paris même, et ils divisent la longitude en orientale et occidentale dont 180° passent de l'est à l'ouest et 180° de l'ouest à l'est, pour se réunir au même point, le 180ᵉ degré, comme par exemple l'île Anson à 10° de latitude nord, qui se trouve tout à la fois longitude orientale et occidentale. Cette division n'a aucun avantage et a l'inconvénient de compliquer les opérations. Pour simplifier l'enseignement et les relations de nation à nation, il serait convenable que tous les peuples reconnussent, ainsi que je le propose, un seul et même *premier méridien,* que la longitude fût de 360° sans division, qu'elle fût comptée de l'est à l'ouest comme la marche du soleil, et qu'on y fît correspondre le point du ciel d'où l'on compterait l'ascension droite. Puisque les signes ne sont plus d'accord avec les constellations, l'on peut fort bien répudier le Bélier comme point de départ, lui substituer le signe du solstice d'hiver qui concordera alors avec mon *Premier Méridien,* l'oscillateur hiémal.

Dans l'état actuel de la science, le relèvement des longitudes offre sur mer beaucoup de difficultés et d'inexactitudes, soit qu'on veuille le prendre par les éclipses, soit qu'on emploie la distance de la lune aux étoiles ou au soleil. Comme le problème consiste à savoir l'heure exacte d'un méridien quelconque et à établir la différence de cette heure avec l'heure du vaisseau, ce qu'on obtient par la hauteur du soleil ou d'une étoile, on a cherché à perfectionner les montres pour qu'elles ne pussent varier de plus de 2 ou 3 minutes dans le cours d'un long voyage, et on y est parvenu. Mais reste toujours à calculer l'équation du temps pour réduire en temps moyen le temps vrai obtenu par l'observation, avant de le comparer au temps moyen donné par la montre marine ; reste à avoir recours aux calculs de dépression, de réfraction, de parallaxes, sinus, logarithmes, etc. C'est à tous ces calculs bien plus qu'à l'imperfection des montres que tient la difficulté des longitudes, et tous ces calculs sont introduits et nécessités par les faux mouvemens elliptiques prêtés à la terre et aux planètes. Quand on voudra faire justice de ces révolutions imaginaires, quand on voudra s'enlever le *plaisir* (1) de résoudre, par la trigonométrie sphérique, des triangles formés au pôle de l'écliptique et à deux ou trois astres, on obtiendra le relèvement des longitudes soit par les montres marines, soit par les distances d'astre à astre, beaucoup plus exactement et plus facilement avec la méthode que je propose. Veut-on juger de l'insuffisance des Coperniciens pour déterminer la longitude même sur terre, prenons les Mémoires de la Société philosophique de Cambridge cités dans la Connaissance des Temps de 1836, page 108 :

« Cambridge. La longitude est celle que
« M. Airy a obtenu au moyen de chronomètres
« dans deux voyages de Greenwich à Cambridge
« et retour. Le premier voyage lui a donné
« 23' 63, et le second 23' 45, moyenne 23' 54.
« La triangulation donne pour le clocher de
« Granchester, sur lequel est placée la mire de

---

(1) Clairaut est le premier qui ait donné une théorie du mouvement de la lune, théorie *si attrayante à raison des difficultés qu'elle présente*. (Mémoire de M. Poisson, lu à l'Académie des sciences le 17 juin 1833.)

« la Lunette méridienne 24' 60; c'est 1'06 ou
« 15"9 de degré de différence. Il l'attribue à
« l'irrégularité de la terre. Il est cependant bien
« étonnant que cette irrégularité puisse produire
« un effet pareil sur une si petite distance. »

Il fallait dire : l'inclinaison périodique de la
terre, et non son irrégularité. Tant que vous
ne voudrez pas l'admettre ou calculer ses effets
dans vos observations faites à différentes époques, ces observations ne donneront jamais les
mêmes résultats.

La différence du temps vrai au temps moyen
ne vient que de la marche oblique du soleil qui
coupe progressivement les parallèles de l'équateur d'une manière inégale de jour en jour, rendant par là les jours plus courts ou plus longs,
suivant que ce parallèle forme avec lui un angle
plus ou moins ouvert. Mais si l'on admet que le
soleil parcourt chaque jour le plan de l'équateur,
et que la terre s'incline de 23^0 1/2 du solstice de
décembre au solstice de juin pour se redresser
de juin à décembre; si l'on compte la longitude
de 1° à 360° sans division orientale et occidentale, en la faisant partir de l'est à l'ouest, selon
la marche du soleil, et en fixant le degré o ou
360e au méridien d'oscillation montante, point
hiémal, tous les parallèles de l'équateur s'incli-
nent alors progressivement jour par jour pendant six mois, dans une proportion facile à con-

naître : et tout se réduit en conséquence à faire
une table de cette inclinaison jour par jour, et à
déduire le chiffre de l'inclinaison que donne la table, selon le jour de l'observation et la latitude, de
la longitude trouvée par la différence de l'heure
du premier méridien à l'heure du vaisseau, ou
à ajouter ce chiffre selon les circonstances.

En effet, dans l'hémisphère vernal qui com-
prend les 180 premiers degrés de longitude,
l'équateur monte, de décembre à juin, insensiblement du 180ᵉ degré jusqu'à 0, point hiémal : et
un degré quelconque de cet hémisphère, en remontant en latitude, change bien réellement de
longitude, car le soleil atteint son méridien plus
tard qu'il ne le ferait si le parallèle était droit.
Ainsi chaque point d'un parallèle change de
longitude à tout moment, parce qu'à tout moment il passe dans un autre parallèle, en vertu
de l'inclinaison. Voilà donc une longitude vraie
du moment qu'il faut convertir en longitude
moyenne de tous les jours, telle qu'on la suppute
habituellement, et qui, ne restant vraie qu'un
seul jour de l'année, au solstice d'hiver, devrait
s'appeler longitude hiémale ou civile, de même
qu'on a distingué le jour en astronomique et civil.
On arrive indirectement à la conversion de la
longitude vraie en longitude moyenne par l'é-
quation du temps, mais il est bien moins long
et plus simple de résoudre directement l'équa-

tion des deux longitudes ; car pour les 180 premiers degrés de l'hémisphère vernal, il suffit de retrancher de la longitude vraie du moment, trouvée par la différence de l'heure du premier méridien à l'heure du vaisseau, le chiffre de l'inclinaison, selon le jour de l'observation et sa latitude. Pour l'hémisphère automnal, l'inverse a lieu. Du 180ᵉ degré au 360ᵉ, chaque degré des parallèles de l'équateur, en remontant en latitude, s'avance au-devant du soleil qui l'atteint plutôt qu'il ne le ferait, si le parallèle était droit : au lieu de retrancher, il faut alors ajouter le chiffre de l'inclinaison à la longitude vraie du moment, trouvée par la différence de l'heure du premier méridien à l'heure du vaisseau.

Mais, d'une part, les parallèles de l'équateur n'oscillent de 23° 1/2 que par progression croissante et décroissante de 90° en 90°. Car tous les points des deux méridiens oscillateurs, hiémal et estival, à 180° l'un de l'autre, soit qu'ils montent, soit qu'ils descendent en latitude, n'en gardent pas moins leur même longitude, tandis que les points des deux méridiens oscillatoires, vernal et automnal, par un accroissement ou un décroissement de 23° 1/2 de latitude, gagnent ou perdent une longitude de 23° 1/2, qui décroît progressivement des deux côtés hiémal et estival. D'autre part, cette progression est di-

e dans une latitude de 90 degrés. Il faut

donc, après avoir établi la progression croissante et décroissante de chaque degré de longitude depuis 1 à 360, la diviser par les 90° de
latitude et le nombre de jours que dure l'oscillation, c'est-à-dire 182 jours 1/2, et porter chaque
résultat devant chacun des degrés de longitude.
C'est le travail qu'offre ma table. Il pourrait être
plus minutieusement précis, et je ne le donne pas
comme rigoureusement exact. Je ne l'ai fait que
pour démontrer le principe ; avant son adop-
tion, j'aurai bien le temps de le perfectionner.

Venons à l'application :

Si le 21 janvier, 30 jours après le solstice
d'hiver, j'ai 18 heures pour différence de l'heure
de mon vaisseau à l'heure du premier méridien,
ce qui me donne pour longitude vraie du moment 270°, et que ma latitude soit 20, je trouve
à ma table pour chiffre d'inclinaison du 270ᵉ
degré 5″ 8‴ 31/32 que je multiplie par ma latitude 20° et par 30 jours, et ajoutant 6′ 29″ 41‴ à
mes 270°, j'ai 270° 6′ 29″ 41‴ pour longitude
moyenne hiémale ou civile.

Si au contraire, 182 jours après le solstice d'hiver, le 20 juin, je me trouve au 179ᵉ degré de
longitude vraie du moment et à une latitude de
50 degrés, je multiplie 3‴ 14/32, chiffre de ma
table au 179ᵉ degré, par 50 et 182, et retran-
chant 8′ 41″ 40‴ de 172°, j'ai 178° 51′ 18″ 20‴
pour longitude moyenne, hiémale ou civile,

Du solstice de juin au solstice de décembre, au lieu de multiplier le chiffre de la table par le nombre de jours écoulés depuis le 21 juin, il faut que ce nombre soit soustrait de 182, et que le chiffre de la table soit multiplié par le restant comme par la latitude.

Cette simple table tiendra lieu de toutes les autres. Elle donne la véritable équation du temps, dégagée de toutes les difficultés mathématiques de dépression, de réfraction, de parallaxes. Avec elle les méthodes astronomiques deviennent aussi faciles que celles des montres marines. Car si l'on veut employer l'heure de la lune, attendu qu'elle est sur un même plan que le soleil, et que leur révolution circulaire est concentrique, ce n'est encore qu'un calcul horaire auquel il faudra ajouter ou retrancher le chiffre de la table. Il en sera de même pour Mars, dont l'orbe est parallèlement vertical à celui du soleil à 10° au-dessus ou au-dessous, toutes les planètes de réflexion étant doubles ; il en sera de même de Jupiter, dont l'orbe est parallèlement vertical à celui du soleil à 60°. Eh ! que de services n'obtiendra-t-on pas de cette planète dont la hauteur la laisse si longtemps en vue ! Certes, un stage bien long à l'École polytechnique ne sera pas nécessaire pour savoir que si le 21 janvier 1832 Jupiter passait à une heure 57′ du soir au premier méridien, mon vaisseau faisant avec lui un an-

gle de 90° à 5 heures 57′ du soir, j'avais une longitude vraie du moment de 150°, et qu'il me
suffisait d'en retrancher 1′ 42‴ 31/32 multipliées
par ma latitude et par 30 jours, pour avoir une
longitude hiémale ou civile.

L'usage de cette méthode peut être adopté
sans délai par la marine, et sans grandes dépen-
ses. Il ne s'agit que de faire établir un chrono-
mètre sur le modèle ci-après, en ayant soin de
subdiviser le plus possible les degrés et les heures. A l'égard du passage des astres au méridien
hiémal, mon premier méridien, on l'obtiendrait
par une seule addition ou soustraction, en prenant le passage au méridien de Paris, Greenwich
ou tout autre observatoire, marqué dans les an-
nuaires.

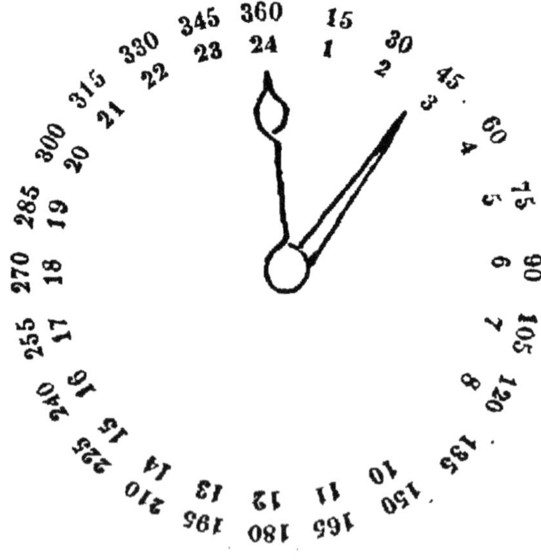

Sphère pendule.

La sphère pendule que j'ai fait établir pour la démonstration de mon système donne la solution du problème des longitudes, sans qu'il soit même besoin du secours de ma table. L'inclinaison du pôle sur l'orbe solaire s'y faisant par le mécanisme de la pendule, et faisant avancer ou reculer devant le soleil chaque parallèle équatorial, selon le jour de l'année, avec la régularité de ma table, l'équation du temps y serait résolue complétement, si mon globe avait été placé dans la position que j'ai signalée plus haut. Mais lorsque j'en commandai l'exécution, je n'avais pas toutes les données nécessaires à cet égard, et j'ai placé mon premier méridien, l'oscillateur hiémal, à 115° ouest de Paris, ce qui met le méridien estival ou d'inclinaison descendante au cap Malan, golfe d'Arabie. Rien de plus facile que de changer la boule, et d'en remettre une autre où les méridiens seraient régulièrement posés. Mais une pendule de cette espèce ne servira jamais pour la navigation. Il importe peu par conséquent qu'elle marque la longitude avec plus ou moins d'exactitude, et, comme la position actuelle de son globe est celle que la terre avait au moment de la création, il serait fâcheux de lui enlever ce précieux avantage.

TABLE

Du Déplacement de longitude de chaque degré des Parallèles de l'Equateur par l'inclinaison de 23° 1/2 du pôle terrestre d'un solstice à l'autre.

DEGRÉS de l'Equateur.	DÉPLACEMENT.			DEGRÉS de l'Equateur.	DÉPLACEMENT.		
1	0″	3‴	14/32es	46	2″	37‴	28/32es
2		6	28	47	2	41	10
3		10	10	48	2	44	24
4		13	24	49	2	48	6
5		17	6	50	2	51	20
6		20	20	51	2	55	2
7		24	2	52	2	58	16
8		27	16	53	3	1	30
9		30	30	54	3	5	12
10		34	12	55	3	8	25
11		37	25	56	3	12	7
12		41	7	57	3	15	21
13		44	20	58	3	19	3
14		48	2	59	3	22	17
15		51	15	60	3	25	31
16		54	29	61	3	29	13
17		58	11	62	3	32	27
18	1	1	26	63	3	36	9
19	1	5	7	64	3	39	23
20	1	8	21	65	3	43	5
21	1	12	3	66	3	46	19
22	1	15	17	67	3	50	»
23	1	18	30	68	3	53	14
24	1	22	12	69	3	56	28
25	1	25	26	70	4	»	10
26	1	29	8	71	4	3	23
27	1	32	22	72	4	7	5
28	1	36	3	73	4	10	19
29	1	39	17	74	4	14	1
30	1	42	31	75	4	17	15
31	1	46	12	76	4	20	29
32	1	49	26	77	4	24	11
33	1	53	8	78	4	27	24
34	1	56	22	79	4	31	6
35	2	»	5	80	4	34	20
36	2	3	18	81	4	38	2
37	2	7		82	4	41	16
38	2	10	14	83	4	44	30
39	2	13	28	84	4	48	12
40	2	17	10	85	4	51	26
41	2	20	24	86	4	55	7
42	2	24	6	87	4	58	21
43	2	27	20	88	5	2	3
44	2	31		89	5	5	17
45	2	34	14	90	5	8	31

DEGRÉS de l'Equateur.	DÉPLACEMENT.			DEGRÉS de l'Equateur.	DÉPLACEMENT.		
91	5″	5‴	17/32es	136	2″	31‴	0/32es
92	5	2	3	137	2	27	20
93	4	58	21	138	2	24	6
94	4	55	7	139	2	20	24
95	4	51	26	140	2	17	10
96	4	48	12	141	2	13	28
97	4	44	30	142	2	10	14
98	4	41	16	143	2	7	»
99	4	38	2	144	2	3	18
100	4	34	20	145	2	»	5
101	4	31	6	146	1	56	22
102	4	27	24	147	1	53	8
103	4	24	11	148	1	49	26
104	4	20	29	149	1	46	12
105	4	17	15	150	1	42	31
106	4	14	1	151	1	39	17
107	4	10	19	152	1	36	3
108	4	7	5	153	1	32	22
109	4	3	23	154	1	29	8
110	4	•	10	155	1	25	26
111	3	56	28	156	1	22	12
112	3	53	14	157	1	18	30
113	3	50	»	158	1	15	17
114	3	46	19	159	1	12	3
115	3	43	5	160	1	8	21
116	3	39	23	161	1	5	7
117	3	36	9	162	1	1	26
118	3	32	27	163		58	11
119	3	29	13	164		54	29
120	3	25	31	165		51	15
121	3	22	17	166		48	2
122	3	19	3	167		44	20
123	3	15	21	168		41	7
124	3	12	7	169		37	25
125	3	8	25	170		34	12
126	3	5	12	171		30	30
127	3	1	30	172		27	16
128	2	58	16	173		24	2
129	2	55	2	174		20	20
130	2	51	20	175		17	6
131	2	48	6	176		13	24
132	2	44	24	177		10	10
133	2	41	10	178		6	28
134	2	37	28	179		3	14
135	2	34	14	180		0	0

DEGRÉS de l'Equateur.	DÉPLACEMENT.			DEGRÉS de l'Equateur.	DÉPLACEMENT.		
181	0″	3‴	14/32ᵉˢ	226	2″	37‴	28 32ᶜˢ
182		6	28	227	2	41	10
183		10	10	228	2	44	24
184		13	24	229	2	48	6
185		17	6	230	2	51	20
186		20	20	231	2	55	2
187		24	2	232	2	58	16
188		27	16	233	3	1	30
189		30	30	234	3	5	12
190		34	12	235	3	8	25
191		37	25	236	3	12	7
192		41	7	237	3	15	21
193		44	20	238	3	19	3
194		48	2	239	3	22	17
195		51	15	240	3	25	31
196		54	29	241	3	29	13
197		58	11	242	3	32	27
198	1	1	26	243	3	36	9
199	1	5	7	244	3	39	23
200	1	8	21	245	3	43	5
201	1	12	3	246	3	46	19
202	1	15	17	247	3	50	»
203	1	18	30	248	3	53	14
204	1	22	12	249	3	56	28
205	1	25	26	250	4	»	10
206	1	29	8	251	4	3	23
207	1	32	22	252	4	7	5
208	1	36	3	253	4	10	19
209	1	39	17	254	4	14	1
210	1	42	31	255	4	17	15
211	1	46	12	256	4	20	29
212	1	49	26	257	4	24	11
213	1	53	8	258	4	27	24
214	1	56	22	259	4	31	6
215	2	»	5	260	4	34	20
216	2	3	18	261	4	38	2
217	2	7	»	262	4	41	16
218	2	10	14	263	4	44	30
219	2	13	28	264	4	48	12
220	2	17	10	265	4	51	26
221	2	20	24	266	4	55	7
222	2	24	6	267	4	58	21
223	2	27	20	268	5	2	3
224	2	31	»	269	5	5	17
225	2	34	14	270	5	8	31

DEGRÉS de l'Equateur.	DÉPLACEMENT.			DEGRÉS de l'Equateur.	DÉPLACEMENT.		
	″	‴	/32es		″	‴	/32es
271	5	5	17	316	2	31	0
272	5	2	3	317	2	27	20
273	4	58	21	318	2	24	6
274	4	55	7	319	2	20	24
275	4	51	26	320	2	17	10
276	4	48	12	321	2	13	28
277	4	44	30	322	2	10	14
278	4	41	16	323	2	7	»
279	4	38	2	324	2	3	18
280	4	34	20	325	2	»	5
281	4	31	6	326	1	56	22
282	4	27	24	327	1	53	8
283	4	24	11	328	1	49	26
284	4	20	29	329	1	46	12
285	4	17	15	330	1	42	31
286	4	14	1	331	1	39	17
287	4	10	19	332	1	36	3
288	4	7	6	333	1	32	22
289	4	3	23	334	1	29	8
290	4	»	10	335	1	25	26
291	4	56	28	336	1	22	12
292	3	53	14	337	1	18	30
293	3	50	»	338	1	15	17
294	3	46	19	339	1	12	3
295	3	43	5	340	1	8	21
296	3	39	23	341	1	5	7
297	3	36	9	342	1	1	26
298	3	32	27	343		58	11
299	3	29	13	344		54	29
300	3	25	31	345		51	15
301	3	22	17	346		48	2
302	3	19	3	347		44	20
303	3	15	21	348		41	7
304	3	12	7	349		37	25
305	3	8	25	350		34	12
306	3	5	12	351		30	30
307	3	1	30	352		27	16
308	2	58	16	353		24	2
309	2	55	2	354		20	20
310	2	51	20	355		17	6
311	2	48	6	356		13	24
312	2	44	24	357		10	10
313	2	41	10	358		6	28
314	2	37	28	359		3	14
315	2	34	14	360	0	0	0

TABLE DE LA PREMIÈRE PARTIE.

TABLE DE LA DEUXIÈME PARTIE.

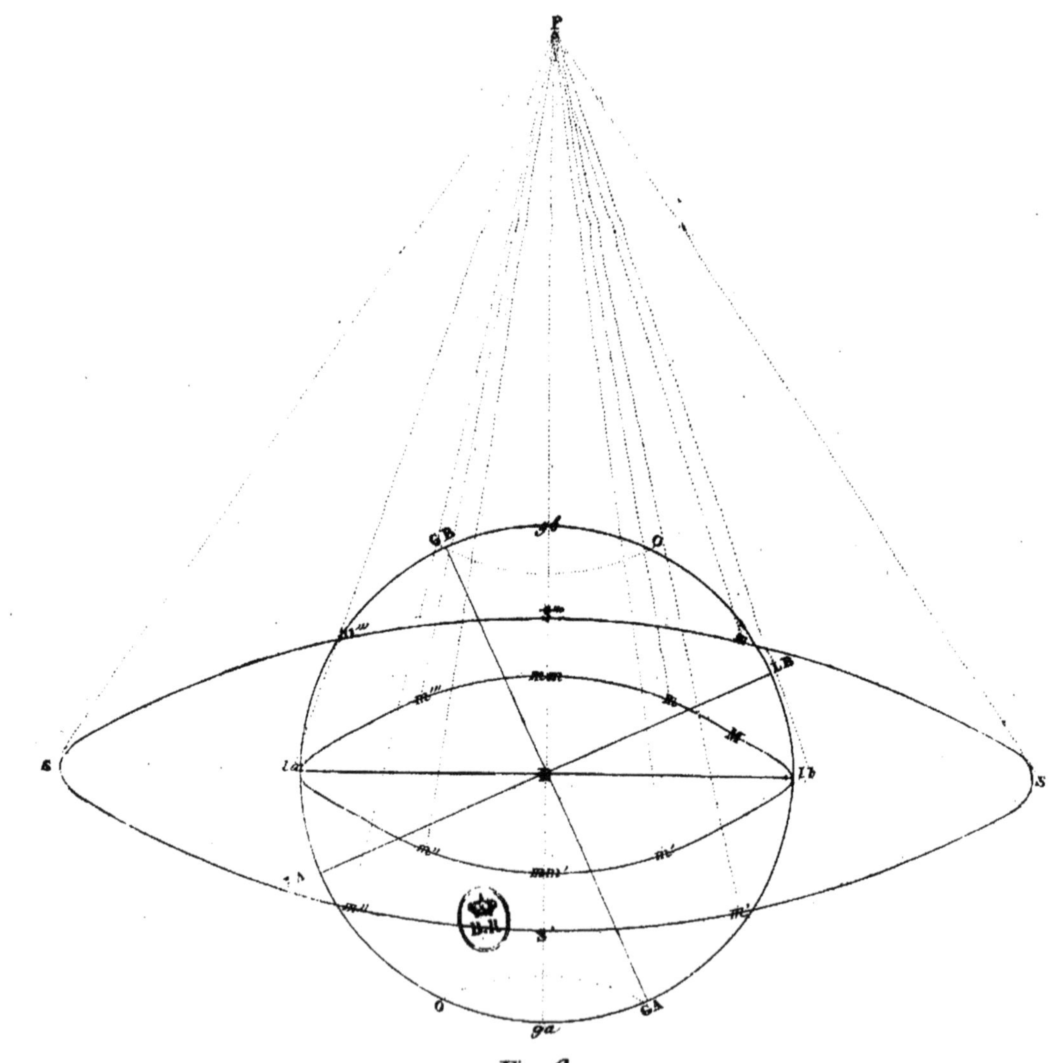

Fig. 6.

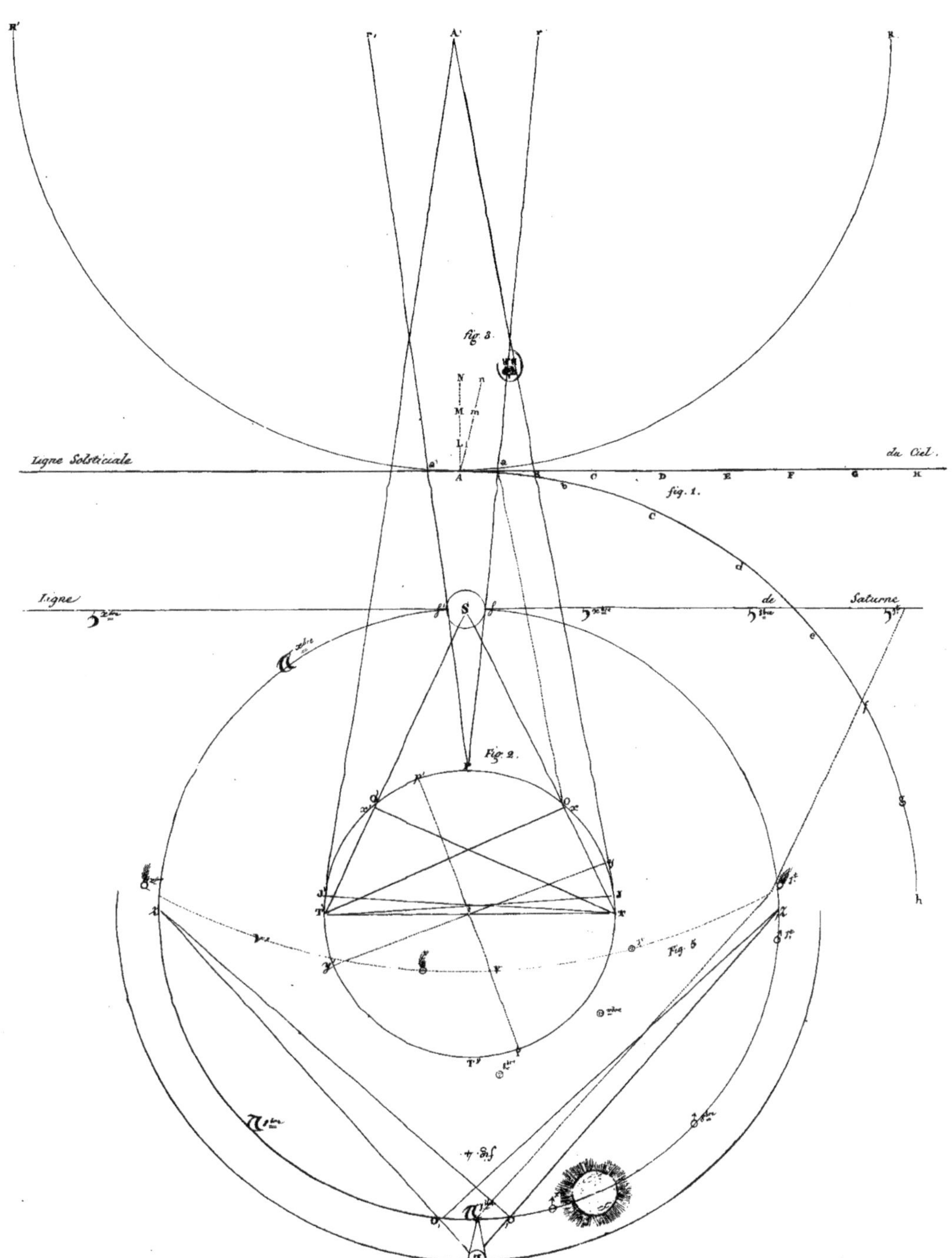

R'
A'
r'
r
R
fig. 3.
N n
M m
L l
Ligne Solsticiale
da Ciel.
a'
A
a
B b
C
D
E
F
G
H
fig. 1.
C
Ligne
d
de
Saturne
S
f
f'
e
Fig. 2.
p'
O'
O
y
J
J
T
T
Fig. 5.
F
T'
Fig. 4.
T

COURS EN 12 LEÇONS,

Avec rétribution de 24 fr.

Rue des Grés, n° 20, à 8 heures du soir, les mardi, mercredi, jeudi, vendredi des trois premières semaines des mois de juin, juillet et août.

A l'aide de sphères, où M. Demonville a conservé les proportions de distance et de diamètre du ciel visible, de la terre, du soleil et de la lune [1], les intelligences les plus ordinaires apprendront en moins de douze leçons à connaître parfaitement le mécanisme et les merveilles des cieux.

1re Leçon. — Description générale du système. *Cette leçon est publique et gratuite. L'entrée particulière à l'une des 11 autres est de 5 francs pour les non-souscripteurs du cours.*

2e Leçon. — Théorie de l'attraction, gravitation des astres.

3e Leçon. — Points, plans et cercles de la sphère.

4e Leçon. — Fluide lumineux, ciel.

5e Leçon. — Révolutions du soleil et de la lune : accroissement et décroissement du jour de l'équateur aux pôles ; parhélies ; lunes horizontale, d'automne et du chasseur ; accord des nœuds de l'équateur magnétique avec l'année de la création, le déluge en 1656, et la rotation insensible de la terre en 2544 ans.

6e Leçon. — Preuves du diamètre et de la distance du soleil et de la lune ; réfraction ; nombre d'or.

7e Leçon. — De la lune ; lumière zodiacale ; marées.

8e Leçon. — Comètes, aurores boréales.

9e Leçon. — Planètes.

10e Leçon. — Impossibilité de la rotation diurne et de la révolution annuelle de la terre, ainsi que de la force projectile ; instantanéité de la lumière.

11e Leçon. — Phénomènes de l'aiguille aimantée ; causes de la variation diurne ; méthode simplifiée pour le relévement des longitudes ; mise en action de la méthode par une sphère pendule.

12e Leçon. — Erreurs des calculs de parallaxes ; preuves trigonométriques du diamètre et de la distance de l'étoile polaire, du soleil et de la lune.

L'auteur donne aussi des leçons particulières.

[1] Sphère n° 1, 60 fr. — Sphère n° 2, 120 fr. — Outre le mouvement oscillatoire des pôles et la révolution du soleil et de la lune autour du globe, la sphère n° 2 figure les orbites de toutes les planètes.

Paris, imprimerie de DECOURCHANT, rue d'Erfurth, 1.

www.ingramcontent.com/pod-product-compliance
Ingram Content Group UK Ltd.
Pitfield, Milton Keynes, MK11 3LW, UK
UKHW020911120726
13693UKWH00003B/997